인생은 해결해야 할 문제가 아니라 경험해야 할 현
실이다.

　　　　　　　　　　　　　-소렌 키에르 케고르

성공한 사람보다는 가치 있는 사람이 되려 하라.

-알버트 아인슈타인

인생에서 원하는 것을 얻기 위한 첫 번째 단계는
내가 무엇을 원하는지 결정하는 것이다.
-벤 스타인

가장 현명한 사람은 자신만의 방향을 따른다.
                                    -에우리피데스

지금 너에게 필요한 말들

지금 너에게 필요한 말들

펴낸날 2021년 5월 20일 1판 1쇄

지은이_정동완·조영민·조성미·신종원·손우주
펴낸이_김영선
책임교정_양다은
교정·교열_남은영, 이교숙
경영지원_최은정
그림_김민경
디자인_바이텍스트
마케팅_신용천

펴낸곳 (주)다빈치하우스-미디어숲
주소 경기도 고양시 일산서구 고양대로632번길 60, 207호
전화 (02) 323-7234
팩스 (02) 323-0253
홈페이지 www.mfbook.co.kr
이메일 dhhard@naver.com (원고투고)
출판등록번호 제 2-2767호

값 14,800원
ISBN 979-11-5874-118-1

막막한 10대들에게 건네는 위로 · 공감 · 용기백배

THINGS

지금 너에게 필요한 말들

YOU NEED

정동완·조영민·조성미·신종원·손우주 지음
김민경 그림

NOW

미디어숲

추천사

〈지금 너에게 필요한 말들〉은 성장기의 불안과 불확실한 미래로 인해 어려움을 겪고 있는 청소년들에게 따뜻한 위로와 공감을 주는, 한 편의 시와 같은 책입니다. 저자들의 교육적 실천과 솔직한 인생 경험을 토대로 삶과 진로에 관한 생각들을 편안한 이야기를 하듯 나누어주고 있습니다. 저자들의 말처럼, 자신이 경험한 세계를 강요하는 사람이 아니라 자신이 경험하지 못한 세계까지 안내해 주려는 멘토로서의 열정과 노력을 느낄 수 있습니다.

어른들은 청소년의 진로를 위해 많은 조언과 지혜 가득한 충고들을 들려줍니다. 그것들이 청소년들에게 도움을 줄 수 있음을 부정할 수는 없지만, 한편으로는 청소년들의 다양한 발전 가능성을 위축시킬 수도 있습니다. 한 사람의 진로 가능성은 끊임없는 탐색과 고민을 거치는 성장 과정을 통해 계속 알아가는 것이기에, 이른 시기 듣게 되는 좋은 말이나 현실적인 의견들이 오히려 부정적으로 작용할 수도 있습니다.

그런 점에서 〈지금 너에게 필요한 말들〉은 청소년들이 스스로 성장하고 진로를 찾아가는 과정에서 언제나 동행해 줄 수 있는 친구와 같은 책이라고 생각합니다. 가르치기보다 위로와 격려로 청소년들과 함께 걷고자 하는 저자들의 진심과 사랑이 담겨 있습니다.

책의 표현처럼 인생이라는 여행에서 모든 것이 처음이라 서툴지만, 삶을 한 편의 아름다운 시로 만들어 갈 우리 모두를 응원하겠습니다.

-박종훈, 경상남도교육감

나는 가족 상담 분야를 첫 시작으로 현재 상담 분야에서 일한 지 10년이 되어간다. 부부 상담이든 부모 상담이든 결국엔 자식

이야기로 귀결된다. 그리고 교육청 상담사로 일을 하며 현장에서 청소년을 만나다 보면 아이들이 어려워하는 가장 큰 고민은 아무래도 진로 문제다.

청소년에게 가장 필요한 말이 뭘까 종종 고민해 본다. 치열하게, 열정적으로 살라고 하지만 마음을 감싸주는 이야기는 많지 않다. 이 책은 쉴 곳이 없어 방황하는 우리 아이들에게 거름이 되는 말을 부담 없이 툭툭 던져줄 거라 생각한다.

-이보은, 경북 경산교육청 전문상담사

길은 다양하다. 고속도로, 자갈길, 진흙탕길, 골목길…. 우리가 살아가는 여정 가운데 만나는 길은 예측된 길이거나 그렇지 않거나, 모두 다리를 올려 발을 딛는 수고를 해야 한다. 그중에서도 가장 어려운 길은 앞으로 나아갈 길인 '진로'이지 않을까 생각한다. 나아가야 할 길이 불확실하기 때문이다.

이 책은 보통의 책들과 다르다. '라떼는 말이야'를 순화해 정리해놓았다거나, 구구절절이 좋은 말들이 있지만 '그래서 어쩌라고?'라는 생각이 들지 않는다. 저자들의 살아있는 경험치가 꿈틀거리면서 새로운 색깔의 길과 마주하게 하는 매력이 있다.

진로를 어렵게 생각하는 청소년 혹은 진로교육을 하고자 하는 교사나 청소년지도자, 부모님들은 책 속에서 자신이 나아가야 할 길 위에 우뚝 서길 바란다.

-김세광, 교육학박사, 에반겔리아 대학교 초빙교수

가끔 학생들과의 진로상담을 하면서 형식론에 치우쳐 상담하는 선생님을 많이 본다. 선생님이 아이 속으로 들어가야 하는데 자꾸 아이가 선생님 속으로 들어오도록 유도하는 것이다. 아날로그 세대의 선생님들이 디지털 세대 학생들의 고민과 감성을 이해하긴 어려운 일이다. 가끔은 '진로교육'이라는 틀 속에서 벗어나야 한다. 그런 의미에서 좋은 책 한 권이 나왔다. 아이들에게 던지는 따뜻한 말, 위로, 그리고 지지하는 한마디가 어떤 뛰어난 상담보다 의미 있을 때가 있다. 〈지금 너에게 필요한 말들〉은 어쩌면 학생들뿐만 아니라 선생님, 학부모, 컨설턴트들에게도 꼭 필요한 말일지도 모르겠다.

-조훈, 서정대학교 교수, 대외협력처장

이 책의 글들은 소박하고 친근하다. 때로 우리는 TV 속 화려한 무대 의상을 갖춰 입은 유명 가수의 노래보다 거리에서 만나는 이름 없는 가수의 노래에서 더 큰 감동을 느낄 때가 있다. 여기에 실린 글들은 다 그러한 감동이 있다. 기성세대에게는 꼰대가 아닌 멘토가 될 수 있는 기회를, 그리고 청소년들에게는 공감과 이해를 통해 인생의 여정을 떠날 기회를 얻을 수 있을 것이다.

-이만기, 유웨이교육평가연구소장 겸 부사장

우리는 하루에도 수만 가지 감정에 휩싸여 산다. 기쁨과 슬픔, 자만, 자책, 억울함과 좌절, 질투⋯. 그러나 스스로 어떤 감정을 느끼는지 알아차리고 그것을 조절할 줄 아는 사람은 많지 않다. 아직 성숙하지 않은 우리 아이들이야 말할 것도 없다. 경쟁과 스트레스가 심한 요즘 시대에 스스로를 보호하면서 행복한 삶을 살기 위해서는 감정을 다루는 능력은 필수다. 단순히 머리만 앞서는 헛똑똑이가 아닌 행복한 엘리트로 사회의 일원이 되길 바란다. 저자들처럼 아이들과 함께 눈을 마주치고 고민해 보는 시간이 필요하다. 마음이 아픈 청소년들에게 건네는 따뜻한 위로는 우리 어른들이 해야 할 몫이다.

- 김무현, ㈜해오름커뮤니케이션즈 대표이사

자신이 원하는 것을 하는 것이 결코 쉬운 것만은 아니며, 어렵고 힘든 과정이 있다는 것을 학생들 역시 잘 알고 있다. 진로라는 억압감 속에 자신이 가장 재미있고 즐겁게 할 수 있는 것이 무엇인지를 찾아내기 위해 무던히 애를 쓰고 있다는 게 느껴진다. 그런 점에서 이 책의 의미는 어떻게 살아가는 것이 곧 행복한 삶을 설계하는 것인지를 고민하게 하고, 물음표를 던지는 학생들에게 스스로 문제를 해결할 수 있도록 느낌표의 힌트를 준다는 데 있다.

-김영호, DBpia 학술논문 이사

미래 세대인 청소년의 고민과 불안을 공감적 언어로 다독이며 꿈과 희망의 길을 안내하는 지침서이다. 저자들은 현장 교사로서의 생생한 경험을 살려 진로에 관한 반짝이는 대안을 제시하면서도 마음의 위로와 격려를 통해 각자의 삶을 마주할 용기를 북돋운다. 재난이 일상처럼 경험되는 시대, 진로와 삶의 문제로 고민하는 청소년과 학부모 그리고, 위로의 언어가 그리운 우리에게 지금 꼭 필요한 말들을 들려준다.

-김장회, 경상국립대학교 사범대 교육학과 교수

책에는 위로와 공감의 말들로 가득하다. 멘토들이 교실과 상담실, 연구실에서 만났던 청소년들에게 실제로 용기를 주었던 이야기다. 지금 나에게 위로가 필요한가? 지금 나에게 공감이 필요한가? 지금 나에게 격려와 도전과 용기가 필요한가? 미래에 대한 불안감을 떨치고 용감하게 일어서는 자신을 발견하게 될 것이다. 부모에게는 자녀의 마음을 이해하는 계기가 될 것이다. 왜냐하면 이곳에 실린 여러 이야기들이 바로 내 자녀가 미처 하지 못한 이야기일 수 있기 때문이다.

-오정택, 서울 장원중학교 진로진학상담교사,
〈청소년을 위한 꿈꾸는 다락방〉 저자

진로교육에서는 사회변화, 진학, 취업에 대한 정보를 정확하게 주는 것이 중요하다. 그러나 그런 정량적인 정보 못지않게 정성적인 동기부여 역시 대단히 중요한데, 이것은 일반적으로 간과되기 쉽다. 책에는 학생들이 꿈과 진로를 찾아갈 수 있도록 어른들의 지혜를 에피소드 형식으로 보여주고 있다. 그렇기 때문에 읽으면서 진로 정보 중심의 딱딱한 교육이 아니라 편안함을 느낄 수 있을 것이다.

-조진표, 와이즈멘토 대표이사

아이를 낳고 그 아이가 자라 학교에 들어가고 성장하면서 나는 어느덧 학부모가 되었다. 내가 학부모로서 진로 이야기를 꺼낼

때는 "네가 하고 싶은 걸 하고 가고 싶은 곳으로 가라"고 말하지만, 우리도 안다. 하고 싶었던 꿈을 이루고 살기가 쉽지 않다는 것을. 책을 읽으면서 나이든 몸과 달리 마음은 아직 그때 그 시절에 있는 나를 발견했다. 학부모가 아닌 부모로서, 또 인생 선배로서 들려주고 싶은 이야기를 책의 저자들이 재미있는 에피소드와 함께 이곳에 전부 담았다. 즐겁게 자기만의 길을 걸어갈 청소년들을 응원한다.

　　　-김민식, 더하다디자인연구소 및 ㈜창업창직교육원 대표

　나의 중고등학교 시절을 떠올려 보면, 속 시원히 놀지도 공부에 집중하지도 못했던 시간이었다. 그때 들었으면 좋았을 말들을 듣지 못했다. '중요한 것은 이것이 전부가 아니'라는 사실을 아무도 이야기하지 않았다.

　책에는 진학보다 더 큰 어려움을 대할 수 있는 생각과 마음가짐의 근육을 키우는 운동법이 담겨 있다. 막막하고 겁이 날 때, 〈지금 너에게 필요한 말들〉이 여러분이 서 있는 그곳에서 심호흡을 한번 하고 더 지혜로운 한걸음을 내딛을 수 있는 좋은 친구가 되었으면 좋겠다.

　　　-이중훈, 메이저맵 대표

꿈이 없는 너에게

상담실 문이 조심스럽게 열린다. 으레 그렇듯 이곳을 찾는 그들의 눈에는 두려움과 막막함이 가득하다. 무엇을 어떻게 시작해야 할지, 어떤 진로를 선택해야 후회하지 않을지, 안개 속에서 헤매는 기분일 것이다. 아무것도 경험하지 못했는데 하루라도 빨리 진로를 결정하고 달려 보라고 밀어붙이는 사회.

이 시대의 어른들이 만들어 놓은 잘못이다. 어른들은 대부분 그들을 가만히 지켜보지 못하고 다그치며 열심히 달리라고 부추길 뿐 그들의 이야기를 들으려 하지 않거나 미처 들을 시간이 없다.

청소년들은 때로 그대로 두고, 그저 함께 있어 주면 잘살아가는 경우가 많다. 그래서 이들에게 위로와 공감의 이야기를 들려줄 멘토들을 모았다. 치열한 교육의 현장과 많은 이야기가 오가는 상담실, 많은 책과 싸워야 하는 연구실에서 청소년을 위해 가슴으로 살아가는 어른들이 모여 그간의 경험과 연구를 바탕으로 이야기를 풀어놓았다.

그동안 상담해 온 다양한 청소년들의 고민과 상황뿐만 아니라 많은 영화 작품과 노래, 문학 등에서 얻은 지혜를 청소년들과 함께 나누고 싶었다. 이 이야기 속에 청소년들이 자신의 보물창고에다 주워 담을 수 있는 지혜가 있기를 바란다. 더불어 인생의 그 어느 때보다 걱정과 두려움이 많은 그들에게 위로와 공감을 넘어 용기와 올바른 정체성을 가질 수 있도록 도움을 주고 싶다.

멘토와 꼰대 사이에는 차이가 있다. 꼰대는 자신이 경험한 세계만을 강요하는 사람이고, 멘토는 자신이 경험하지 못한 세계까지 안내해 줄 수 있는 사람이다. 우리는 누구나 경험의 한계를 가지고 있다. 그렇기에 내가 경험한 것만 강요해서는 안 된다. 나보다 더 넓은 세계를 경험하고 더 다양한 길을 가 볼 수 있도록 문을 열어 주어야 한다. 그러기엔 나 혼자만으로는 좋은 멘토가 될 수 없다. 청소년들을 기다려 줄 수 있고 이야기를 들어 줄 수 있으며, 또 다른 길로 안내해 줄 수 있는 여러 멘토가 모여 연대를 이루어야 한다.

멘토 연대가 청소년들을 더 넓은 세계로 안내해 줄 수 있다. 각자가 가진 소중한 경험과 지혜를 나눌 수 있기 때문이다. 이 책이 그러한 연대의 발판이 되길 바란다.

4차 산업혁명, AI 등 한 치 앞을 가늠하기 힘들 만큼 불확실한 미래와 치열한 경쟁에 내몰려 지쳐 가는 우리 시대 청소년들에게 이 책이 앞으로 나아갈 힘을 주는 치유제가 되었으면 하는 한편으로, '어른인 우리도 안 그런 척할 뿐, 사실 매일 아프단다.' 하는 동병상련의 마음을 전하고 싶다.

정동완·조영민·조성미·신종원·손우주

☆ **차례** ☆

2장 내 안의 나를 발견하는 일

3장 모든 것을 그만두고 싶을 때

11장 지금 모습 그대로 소중한 사람

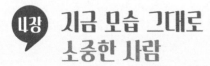

○ ○ ○

지금 네 삶이 두렵고 당황스럽다면, 이렇게 생각해
보면 어떨까? 지금 낯선 곳을 여행 중이라고 말이
야. 모든 것이 새롭고 두려움의 연속이고, 내가 선
택해야만 하고 겪어 내야만 진정한 여행의 의미가
있다는 사실을 기억하는 거야.

진로 고민은
처음이라

'인생'이라는 낯선 여행

어느 날 도망치듯 여행을 떠나 본 일이 있니?

나는 그랬던 기억이 있어. 그날이 그날 같은 반복된 일상에 갑갑함을 느낀 나머지 가족과 함께 훌쩍 여행을 떠나기로 했어. 평소 같으면 계획도 세우고 준비도 많이 하고 떠났을 텐데 이런 나의 성향과 맞지 않게 충동적으로 일을 저질렀어.

갑작스럽게 항공권을 끊다 보니 두 배 비싼 가격에 여러모로 손해를 감수하고 떠난 여행이었지만, 우리 가족에게는 잊지 못할 추억으로 남았지.

나는 물론 우리 모두 지쳐 있었거든. 우리가 사는 곳에서 가장 먼 곳으로 가보자며 떠난 여행이었어. 우리에게 주어진 휴가 기간이 많지 않았고 자금 또한 넉넉하지 않았기 때문에 한도 내에서 최대한 멀리 가보기로 한 거지. 남태평양의 어느 섬으로 가기로 했어.

우린 병원에서 태어나 아파트에서 살다가 한반도의 작은 땅을 벗어나지 못하고 살아왔기에 남태평양에서 맞이한 공기는 사뭇 다르게 느껴졌어. 신선한 공기, 색다른 음식, 황홀한 노을까지, 모든 게 낯설게 다가왔어.

해변에서 바비큐를 먹고 이대로 숙소로 들어가기가 아쉬워서 해변에 앉아 한동안 석양을 보았어. 석양이 수평선을 넘어가자 남태평양의 쏟아질 듯한 별들이 보이기 시작했어. 우리는 그동안 살아보지 않은 다른 땅에서 별을 보고 있다는 즐거움에서 헤어나오기 어려웠어.

그러던 중 재미있는 사실을 하나 발견했는데, 별자리 선생인 아내의 설명을 듣고 나니 아시아의 한반도 땅에서는 볼 수 없는 별자리가 그곳에 있었고, 내가 사는 땅에서 볼 수 있는 별자리도 그곳에서는 다른 위치에 자리하고 있다는 거야.

　평생을 한 나라에서 나고 자란 나로서는 항상 그 자리에 있는 것이 별이라고 생각했는데 사실은 그렇지 않다는 거지. 그것은 우리가 살고 있던 곳에서 오랜 시간 비행기를 타고 날아왔기에 발견할 수 있는 진실이었어.

　생각해 보니 내가 그동안 살고 있던 곳은 나의 작은 세계였더라고. 나는 그 세계가 전부라고 생각했지. 그곳에서 배운 말, 그곳에서 배운 문화, 그곳에서 경험한 것이 지금의 나를 만들었어. 그런데 많은 시간을 이동해서 본 하늘은 분명 달랐고, 그곳에서 본 우리는 서로 다른 세계에 서 있었던 거지. 우리는 혹시, 매일 같은 하늘을 보고 같은 환경을 보며 그것이 마치 세계의 전부인 양 좁은 인생을 사는 것은 아닐까? 더 많은 것을 배우고 경험하면 그만큼의 사람이 될 수 있는 존재임에도, 우리가 경험한 한계 때문에 같은 것을 보고 같은 생각을 하며 살아가는 것은 아닐까?

여행을 다녀오면서 내가 SNS에 올린 글이야.

여행은 평소에는 경험하지 못하는 낯선 것을 경험하는 일이다. 이 과정에서 우리는 인식의 지평이 넓어진다.

우리는 익숙한 환경에 오랜 시간 노출되면 새로운 것을 보고 듣고 느끼기보다는 같은 패턴의 일을 습관적으로 반복하면서 '산다'라는 동사적 의미를 제대로 실현하기 어렵다.

물론, 평범한 일상에서 최선을 다하고 성실함 속에서 얻는 성장이 큰 것도 사실이지만, 가끔은 낯선 곳, 낯선 경험을 위한 여행을 감행하면서 패턴을 흔들어 놓을 필요가 있다.

여행하면서 돈을 내고 피곤함과 불편함을 얻는 이유는 이러한 낯선 경험을 하기 위해서다. 이 낯선 경험을 통해 우리는 그동안 알지 못했던, 느끼지 못했던, 보지 못했던, 새로운 세계를 경험한다.

내가 살고 있는 환경 밖에 이런 세상이 존재하고 있었음을, 이러한 사람들이 있고, 이러한 삶이 있었음을 눈으로 확인하며 나는 또 한 번 인식의 폭이 넓어진다.

그리고 우리는 또다시 일상으로 돌아온다.

여행이 즐겁고 풍성했다면 일상의 시간으로 돌아오는 것이 두렵겠지만 여행이 고되고 낯선 정도가 심했다면 일상의 시간이 감사하게 다가올 것이다.

여행에는 이런 두 가지가 다 필요하다.

다시 돌아올 수밖에 없는 것이 여행의 특징이기에 일상의 의미를 돌아보는 일이 필요하다. 낯선 시간을 통해 확장된 내가 살아가는 이 일상은 그것을 경험하기 전과는 다르다.

낯섦이라는 세계와의 만남을 통해 성장과 배움이 있는 우리의 삶이 되어가길 바란다.

반복되는 일상을 벗어나 새로운 장소와 환경을 만나면서, 그리고 여행을 떠나기 전과 후가 많이 달라져 있는 나를 보면서 쓴 글이야. 그렇다면 우리가 만날 세상과 여러 가지 상황들이 우리를 얼마나 많이 성장시킬 수 있을까를 생각해 볼 수 있겠지?

〈응답하라 1988〉이라는 드라마가 있었는데 혹시 봤니? 그 드라마에서 둘째이기 때문에 항상 서운한 점이 많았던 혜리의 이야기가 주요 에피소드로 나온 장면이 있었어. 자기 생일인데 자신만을 위한 케이크 하나 사 주지 않은 가족에 대한 원망의 시간을 보내고 있을 때, 아버지가 케이크를 사 와서 둘째 혜리에게 선물을 해 주지. 그러면서 이런 말을 해.

"아빠가 잘 몰라서 그려. 아빠도 태어날 때부터 아빠가 아니잖어. 아빠도 아빠가 처음이니깐… 긍께 우리 딸이 쪼까 봐줘~"

이 말을 듣고서 많은 부모가 공감하고 눈물을 흘렸다고 해. 항상 어른이기 때문에 잘해야 했고 완벽해야 한다고 생각했는데, 결국 어른의 역할도 태어나서 처음 해보는 역할이었다는 것을 안 거지. 아빠도, 엄마도 결국 시행착오를 통해 배워 간다는 사실을 일깨워 준 거야.

그렇게 보면 좌충우돌하며 이랬다저랬다 하는 삶을 사는 너희 청소년들도 이렇게 말할 수 있겠지….

"태어날 때부터 청소년이 아니잖어. 긍께 어른들께서 쪼까 기다려 주셔요~"

그래 우리는 태어날 때부터 베테랑일 수 없고, 지금도 계속 성
장 중이고 배우고 있어. 배운다는 것은 쉴 새 없이 넘어지고 다치
고 실패하면서 알아가는 과정이니까. 지금 너희가 겪고 있는 불확
실성과 불안정성, 미흡함은 당연한 과정이라는 사실을 잊지 마!
우리는 모두 인생을 처음 사니까.

이렇게 처음 인생을 살아 보기에 우리가 태어나서 겪는 일들이
어찌 보면 모두 낯선 곳을 여행하는 일과 같아. 앞에서 내가 먼 곳
을 떠나는 데 용기가 필요하다고 했지. 우리는 지금도 용기를 내
어 용감하게 살아가고 있어. 삶이라는 너무나 무시무시한 낯선
여행을 말이야.
그래도 실제 여행은 처음과 끝이 있고 나름의 정보에 따라 가
벼운 설정과 루트를 구성해 보기라도 할 수 있지만, 우리의 삶은
그럴 수도 없잖아? 계속 몸으로 부딪치고 깨지고 구르면서 커 가
는 것 아니겠어?

지금 네 삶이 두렵고 당황스럽다면, 이렇게 생각해 보면 어떨

까? 지금 낯선 곳을 여행 중이라고 말이야. 모든 것이 새롭고 두려움의 연속이고, 내가 선택해야만 하고 겪어 내야만 진정한 여행의 의미가 있다는 사실을 기억하는 거야.

어때? 살아 볼 만한 인생 아니니?

우리는 모두 인생을 처음 사니까

꽃보다 너의 인생

TV 프로그램 중 tvn에서 만든 〈꽃보다 시리즈〉를 좋아해. 〈꽃보다 청춘〉, 〈꽃보다 할배〉, 〈꽃보다 누나〉 등 여러 시리즈가 있는데, 그중에서도 〈꽃보다 누나〉는 인생에 대한 통찰력을 느끼게 해주기도 했어.

이 프로그램은 서로 친하지 않은 여배우 네 명(윤여정, 김자옥, 김희애, 이미연)과 가이드하는 짐꾼(이승기) 한 명이 여행 전에 한 번 만나 인사한 후 바로 배낭여행을 떠나는 콘셉트야. 여행에서 쓸 수 있는 돈은 정해져 있어. 숙소, 차량, 식사는 현장에서 그때그때 해결해야 해. 매일 의식주를 해결하고 그 지역에서 좋은 곳에 함께 또는 따로 방문하고 예정된 날짜까지 마지막 장소로 도착하면 돼.

나는 이 프로그램이 우리네 인생과 참 닮아 있다는 생각을 했어. 생각해 보면 우리도 인생이라는 여행에서 매 순간 선택을 하면서 살고 있잖아. 먹고 자고 놀고 공부하고 또 다음을 준비하는 과정에서 웃고 화내고 울면서 인생을 살아가고 있으니 참 비슷하단 말이야. 누군가가 다 준비해 주고 선택해 주면 편할 수도 있겠지만, 누구도 정답은 모르니까 각자가 헤쳐 나갈 수밖에 없지.

가이드이자 짐꾼인 이승기는 여행 초반에는 짐꾼이라기보다 짐에 가까운 존재였어. 가이드라는 직책을 맡았는데도, 제대로 된 사전 지식이 없어 어리바리한 상태지. 여행이 불안해질 정도로. 우리네 인생에서도 살다 보면 내 주변에 나를 마땅히 이끌어 줘야만 하는 사람이 형편없을 때가 있는 것처럼 말이야.

이 여행을 지켜보면서 한 가지 느낀 것은, 우리가 겪을 인생의 여행에서는 친한 사람과만 함께 걷지 않는다는 거야. 함께 하면 어색하고 불편한 사람과도 그 길을 동행할 때가 많아. 그 과정에서 사람을 잃기도 하고, 사람을 얻기도 하면서 모든 희로애락을 경험하겠지.

이 프로그램 초반에 나오는 연예인들은 모두 이 여행을 앞두고 설렘보다는 자신 없어 하고 두려워했어. 그동안 매니저가 모든 일정을 다 챙겨 주는 데 익숙해진 연예인이기에 더 그랬겠지.

자신이 무언가를 준비하는 자체가 너무 낯선 사람, 암 투병 후 생긴 공황장애로 사람이 뒤에 있으면 잠을 청할 수 없는 아픈 사람, 여행의 모든 과정이 촬영될 때 자신의 본 모습이 다 노출되어 사람들을 실망시킬까 봐 두려운 사람, 나이가 많아 민폐나 끼치지 않을까 걱정하는 사람… 그저 재미를 위해 만들어진 TV 프로그램일 뿐이지만, 그들이 하는 이야기들이 우리가 인생의 진로 문제를 놓고 고민하는 것들과 다르지 않더라고. 어쩌면 우리 모두는 늘 그런 고민들을 안고 살아가는 것일지도 모르지.

난 그런 대화들이 인위적이지 않아서 좋았어. 여행지에서 놀라운 것들을 보며 감탄할 때, 힘들어 짜증 나 있을 때, 그때마다 솔직한 감정과 생각을 있는 그대로 나누는 모습이 보기 좋았거든. 여기에 나오는 출연진들이 나보다 앞서 인생 여정을 걸어가고 있고 누구보다 치열하게 자신의 자리에서 노력해온 사람들이라는 것을 알고 있기에, 지독히 공감하고 눈물까지 났는지도 모르겠어.

여행을 계획하고 준비하는 것을 주도적으로 해 본 적이 있니? 네가 스무 살이 지나면 친구들과 혹은 가족들과 함께 여행할 때, 그런 순간이 한 번쯤은 올지도 몰라.

나는 배낭여행을 즐겼고, 30대가 지나서는 누군가를 여행지에서 이끄는 역할을 많이 했어. 그 역할을 잘 해내기 위해 여행 전에 가이드북을 열심히 들여다보고, 인터넷에서 관광명소, 맛집들, 뷰가 좋은 곳들을 찾아 정리하면서 느꼈던 생각은, '와 내가 이렇게 여행을 준비하는 것처럼 공부했다면, 하버드대나 서울대에 갈 수도 있었겠다.'였어. 매우 집중하는 내 모습을 보면서, 인생을 준비해 나갈 때도 멋진 여행을 준비하는 열정적인 가이드의 자세로 임하면 좋겠다고 생각했어. 너는 어떤 여행지에 가고 싶니? 그리고 그 안에서 어떤 가이드가 되고 싶니?

진로를 빨리 정해야 한다는 강박에서 벗어나서 내가 스스로 준비하는 여행이라고 생각하면 낭만적이지 않을까? 언뜻 이 말에 당황스러울 수도 있겠지만 먼저 그 시기를 겪은 내가 10대로 다시 돌아갈 수만 있다면, 생각 자체를 확 바꿔서 남과 비교했던 순간들, 질투했던 순간들, 열등감을 느꼈던 순간들 대신 내가 정한 인생 한 컷에 집중하며 살아 보고 싶어.

나의 10대를 뒤돌아보면, 감정을 주체하지 못한 미성숙한 사람이 이리저리 휘둘리는 시간이었던 것 같아. 예를 들어 멋진 장소에서 행복을 느끼기에도 부족한 시간에 사진을 찍어 싸이월드에 올려 자랑하고 싶은 마음이 더 컸지. 다시 그때로 돌아갈 수 있다면 낭만적으로 살아 볼 수 있을 텐데.

유럽여행을 다녀온 사람들이 겪은 일화들을 여기저기서 들어본 적이 있을 거야.

누군가는 도둑을, 누군가는 사랑하는 이를 만나기도 하지. 길을 잃거나 기차를 놓쳐 스케줄이 꼬이기도 하고. 그런데 사람들은 그렇게 힘들었던 여행이 모두 끝나고 나면 그 순간들을 정말 아름답게 기억하곤 해. 여행의 순간순간을 사진으로 찍어 추억을 계속 만끽하는 사람도 있어. 너희가 겪는 청소년기도 그런 것 같아.

〈꽃보다 누나〉에서 윤여정 배우가 한 말을 들려주고 싶어. 배우 이미연이 윤여정 배우에게 질문했어.

"선생님, 힘들게 결정해서 작품에 들어갔는데, 작품 자체와 작품 하는 사람들이 너무 마음에 안 들면 어떻게 이겨내세요?"

그러자 윤여정 배우가 대답하지.

"똥 밟았다, 생각하고 그냥 해. 어쩔 수 없잖아. 그런데 참 신기한 건, 그걸 하고 나면 또 한 사람을 얻더라고. 그리고 이 여행도, 떠나기 전에는 엄청나게 고민했지만, 나는 일단 시작하면 절대 불평하지 않아. 왜냐면, 이왕 하기로 한 거니까.

아쉽지 않고 아프지 않은 인생이 어딨어? 내 인생만 아쉬운 것 같고 내 인생만 아픈 거 같지? 다 아파. 다 아쉬워. 세월이 지나니, 하나씩 내려놓고 포기할 줄 알게 되더라. 나는 그냥 허울보단, 그저 재미나게 사는 게 목표야. 인생은 한번 살아 볼 만한 재미있는 거야."

우리의 작은 움직임과 노력이 우리를 자라게 하도록, 시간과 열정을 투자해 보자. 그 작은 순간들이 우리를 지켜나가도록 해 보는 거야. 남들보다 못하면 뭐 어때? 따뜻한 마음으로, 한 살이라도 어렸을 때 용기를 내보는 거야. 진짜 인생이라는 여행에서…. 막연한 꽃길이 아닌, 너희들이 만들어 낼 특이하고 신기한 길들을 응원할게.

멀리서 전하는 응원

"선생님, 저 학교 자퇴했어요."

졸업 후 오랜만에 찾아온 너를 보며 잘 지내냐고 물어보기도 전에 '자퇴'라는 말을 듣고 놀란 나머지 너를 몰아세우고 말았어.

"뭐? 도대체 왜 그랬니?"

처음으로 제자에게 자퇴 이야기를 들어서일까, 아니면 전혀 상상하지 못했던 이야기를 들어서일까. 순간적으로 튀어나온 말을 내뱉고 나서 얼마나 후회했는지 몰라. 그만큼 중학생 때 누구보다 적응력이 뛰어나고 흔들림이 없다고 생각했기 때문이었어.

세상에는 배울 게 너무나 많고 너희가 걷는 길에 정답은 없으니 어떤 길이든지 어떤 방법이든지 많은 것을 경험해 보라고 주야장천 떠들어 대고, 너희의 선택을 전적으로 존중하고 언제나 너희 편이 되겠다던 내가, 정작 학교를 그만뒀다는 너의 말에 어른들의 뻔한 반응으로 너에게 상처를 주고 말았어.

수업 시간이면 초롱초롱한 눈으로 집중하면서도 때론 수업이 지루하다며 재미있는 얘기를 해달라고 거침없이 말하기도 하고, 오늘 급식은 별로라고 실망 섞인 목소리로 투정 부리기도 하는, 여느 학생처럼 밝은 너의 모습이 떠올라. 쉬는 시간이면 알 수 없는 괴성을 지르며 뛰어다니기도 하고 친구들과 웃고 떠들다가 가끔은 수업에 늦게 들어와 꾸중을 듣기도 했지. 시험 기간엔 다른 학생들처럼 공부 스트레스를 받다가도 끝나서 친구들과 놀 계획을 실컷 자랑하던 모습도 기억한단다. 어쩌면 내심 이런 네가 당연히 고등학교에서도 잘 지내며 다른 학생들처럼 커가고 대학에 진학해서 어른이 되어가리라 예상했던 것 같아.

미안하다는 사과와 함께 천천히 이야기해 보라는 말에 차분히 말을 이어 가던 넌, 해 보고 싶은 일과 꿈이 생겼다고 얘기했어. 그런데 그 꿈이 입시를 위해 긴 시간을 달려가야 하는 고등학교

생활과는 맞지 않는 거 같아 학교를 그만두었다고 말이야.

항상 미래에 대해 암울해 하고 자신이 좋아하는 게 뭔지 잘 모르겠다던 너였으니, 이건 정말 축하해 줘야 할 일이지. 나는 감히 상상하지도 못할 정도의 고민 끝에 내린 결정이었을 텐데, 너무 쉽게 상처를 줬다는 사실이 미안해져 그때는 괜히 핀잔을 줬지.

"짜식아~ 그걸 먼저 말했어야지. 고민 많이 했겠네. 힘들지 않겠어?"

그 꿈이 뭐냐고 묻지는 않았어. 궁금했지만, 조만간 다시 찾아와 이야기할 것을 알기에. 오늘 나를 찾아와 다짜고짜 자퇴했다는 말을 꺼낸 이유는 아마도 긴 고민 끝에 내린 결정 속 남아 있는 찝찝함 때문이었겠지.

"왜 안 물어봐요?"

"때 되면 네가 먼저 얘기하겠지. 다른 사람 통해서만 듣지 않게 해다오."

반응을 보니 쉽지 않게 내린 선택의 과정에서 많은 부딪힘과 갈등이 있었던 것 같더라. 기분 전환 겸 근처 맛집을 찾아 밖으로 향했지. 함께 음식을 먹으며 예전처럼 수다를 떨고 장난을 치며 실컷 웃고는 너를 집으로 보냈어.

집에 들어가는 길에 갑자기 생각나는 동생에게 전화를 걸었어.

오랜만에 하는 통화여서 어색할까 봐 걱정했지만 자연스레 안부를 물으며 추억에 잠겼지.

군대를 막 전역하고 막막한 미래가 불안해져 나 홀로 떠났던 헝가리 부다페스트에서 우연히 만난 한국인 동생이야. 나름대로 공부도 잘했고 친구들 사이에서 유난히 성격이 좋았던 그 녀석도 꿈을 좇아 자퇴를 했었거든. 요리하는 게 좋고 사람들과 어울리는 게 좋다며 누구보다 먼저 게스트하우스 운영을 하겠노라는 꿈을 품고 학교를 그만두었지.

지금은 제주도의 식당과 게스트하우스에서 일하고 있는 그에게 네 생각이 나서 불쑥 물어봤어.

"행복하니?"

갑작스러운 질문에 당연한 소리를 한다며 내가 하고 싶은 일을 하며 사는 것은 정말로 행복한 일이라고 쾌활하게 말하는 목소리에 안도감이 들었어.

그거 아니? 너를 가르치던 시절, 네 어머니와 상담할 때면 내가 너에 대해 항상 하던 이야기가 있었어. 이 아이는 보물이 되기 전 제련과 가공을 거치지 않은 원석이라고. 다듬고 광을 내면 이 세상 어떤 광물보다 빛이 나고 귀하다고.

과학교사였지만, 사실 나도 살면서
그때까지 실제 원석을 본 적은 없었어.
얼마 전에도 수업 시간에 '광물'에 대해
설명했지만 교육용 광물 몇 가지를 본
것이 전부였어. 그러다 우연히 자연의 원석을 보게 되었는데 그
순간 내 자신이 한없이 부끄러워졌었어. 영롱한 빛깔과 아름다운
광택이 보석의 것만은 아니라는 걸 느꼈거든. 오히려 주변 다른
돌들의 회색빛과 어우러지면서도 한편으로는 투박하지만 대조되
는 원석의 빛깔이 어쩌면 가공되고 다듬어진 보석보다 더 아름다
워 보였지.

네가 원석이라는 생각엔 변함없단다. 남들과 다른 방법을 선택
한 용기는 정말 멋진 거야. 남들처럼 타인에게 사랑받기 위한 보
석의 길이 아니라 원석 그 자체로 밝게 빛나고 아름다운, 너를 만
들어 가는 과정을 진심으로 응원할게.

잘했어!
잘하고 있어!
더 잘할 거야!

먼발치에서 응원하고 있을 테니 힘이 들 땐 언제든 찾아와서 너의 이야기를 들려줘도 좋아. 중학교 때 건넸던 안부로 마치도록 할게.

어딘가 모르는 곳에
보이지 않는 꽃처럼 웃고 있는
너 한 사람으로 하여 세상은
다시 한 번 눈부신 아침이 되고

어딘가 네가 모르는 곳에
보이지 않는 풀잎처럼 숨 쉬고 있는
나 한 사람으로 하여 세상은
다시 한번 고요한 저녁이 온다.

가을이다, 부디 아프지 마라

-나태주, 「멀리서 빈다」

잘했어!
잘하고 있어!
더 잘할 거야!

어쩌다 보니 우연히

한때 직장인들 사이에 뜨거운 키워드이자 사회에 첫발을 디딘 사회초년생들이 직장을 선택하는 중요 요소가 '워라밸'이었어. 'Work and Life Balance' 즉, 일과 삶의 균형을 추구한다는 뜻이지. 요즘도 직장인들은 일만 하는 것이 아니라 자기계발을 하거나 취미를 할 수 있는 시간의 균형을 중요하게 생각해. 그래서 자신의 워라밸을 충족시켜줄 수 있는 직장을 찾아 이직하고 또 이직하는 것 같아. 실제로 청년 취업자의 50.2퍼센트가 첫 직장을 1년도 못 다니고 그만둔다고 해(한국노동경제학회, 2020년).

왜 이렇게 많은 사람이 워라밸을 찾아 퇴직과 이직을 할까? 극단적으로 생각해 보면 하루 24시간 중 수면시간 7시간 정도를 빼고 17시간가량을 일만 한다고 생각하면 그 답이 보일 거야. 사람은 기계나 노예가 아니니까.

하지만 그 반대는 어떨까? 워라밸을 자칫 이렇게 오해할 수도 있어.

"그럼, 일은 적게 하고 일찍 퇴근하면 좋은 직장이겠네요!"

워라밸은 일과 삶의 균형이지 삶의 질과 복지만을 최우선으로 하는 것은 아니야. 오히려 요즘에는 휴식시간을 할애해서 자신의 직업과 연관된 영상을 만들어 유튜브에 업로드하고 사람들과 소통하는 의사, 변호사, 교사 등 여러 직업군의 사람들이 늘고 있어. 나는 이들이 참 대단하다고 생각해. 주어진 일만으로도 시간에 쫓기고 몸은 파김치가 되는 삶인데도 이 일이 즐겁고 재밌으니 시간과 노력을 들이는 거지.

우리가 쉽게 보고 즐기는 유튜브 영상 중 원테이크one-take는 거의 없을 거야. 영상의 완성도를 높이고 시청자들이 보기 좋게끔 만들어야 하니 영상 편집은 불가피해. 영상 편집을 한 번이라도 해 본 경험이 있다면 잘 알 거야. 자막을 넣고 영상을 편집한다는 것은 시간과 노력을 요구하는 정말 힘든 과정이고, 자기 일에 대한 애정과 열정이 없다면 하기 힘든 일이거든. 퇴근 후 집에서 조금이라도 더 쉬고 싶은 게 똑같은 직장인들 마음이니까.

자신과 맞는 일 그리고 워라밸을 충족하는 직업을 가지고 있다면 참 행복하겠지만 현실은 그다지 녹록지 않아. 생각보다 많은 사람이 자신의 적성과 거리가 먼, 맞지 않는 옷을 입은 것처럼 맞지 않는 일을 하고 있지. 그래서 자신에게 맞는 옷을 찾아 헤매기도 해.

사람은 각자의 적성과 그에 맞는 인생의 타이밍이 있어. 그런데 이런 타이밍들은 의외로 계획적으로 오는 게 아니라 우연히 올 때가 많아. 말 그대로 '어쩌다 보니 우연히' 삶을 사는 거지.

가수 비 알지? 1일 1깡으로 유명한 그 가수 말이야. 1일 1깡도 우연히 유행한 거 혹시 알고 있니? 2020년에 열풍을 일으킨 '깡' 이라는 노래는 사실 2017년에 나온 곡이었어. 당시에는 이미 유행이 지나버린 노래와 춤이라며 흥행에 실패했었어. 거기서 끝이 아니었지. 1년이 조금 지난 후 무려 150억 원의 제작비가 들어간 비 주연의 영화 〈자전차왕 엄복동〉이 개봉했는데, 관객 수는 약 17만 명으로 주목을 받지 못했어. 사람들은 '엄복동'에서 알파벳을 따와 UBD 단위를 만들어 1UBD = 170,000이라며 조롱하고 '깡' 영상에는 댓글로 장난을 치며 놀렸어. 그리고 이 장난스러운 댓글과 철 지난 영상들이 중독성과 문화를 만들어 결국 지금의 '1일 1깡' 밈meme의 주인공을 만든 거지.

이처럼 우리 주변에는 우연히 일어난 사건들이 대단히 많아. 포스트잇은 강력 접착제를 만들던 중 우연한 실수로 만들어졌고, 꾸덕꾸덕한 식감의 브라우니는 케이크를 만들던 중 베이킹파우더를 실수로 빠뜨려 탄생했지. 우연히 날아온 곰팡이가 최초의 항생제를 만들어 인간의 수명을 증가시켰고, 백종원 아저씨가 잘못 구매한 햄을 써는 기계는 대패삼겹살을 탄생시켰어.

세상에 이런 우연들이 있었다니! 정말 부럽지 않니? 그렇다면 우리도 언제 올지 모르는, 내 인생을 바꿔 줄, 그런 환상적인 우연이 언젠가는 올 테니 마냥 기다리고 있으면 될까?

깡 노래가 역주행하기 훨씬 전, 연예인 정지훈은 춤과 노래, 드라마, 심지어는 할리우드 영화까지 찍었던 성공한 슈퍼스타야. 그리고 그의 성공에는 항상 노력이라는 글자가 따라다녔지. 우연을 자신의 기회로 만들기 위해서는 이 우연을 맞이할 준비가 되어 있어야 해. '1일 1깡'도 지독한 연습벌레 비가 아니었다면 불가능했을 거야.

재미있는 사실 하나를 알려줄까? 'By chance'라는 영어 숙어가 있어. 뜻은 '우연히'인데, 여기서 'By'만 빼면 'chance', 즉 '기회'라는 단어가 돼. 'Chance'에서 뒤에 있는 'c'를 'g'로 알파벳 하나만 바꾸면 '기회'가 '변화'로 바뀌어. 내 인생에 변화를 가져다 줄 우연과 기회는 사실 우리 생각보다 더 깊은 관련이 있는 게 아닐까. 내가 우연히 시작한 일과 생각이 내 삶과 맞닿아 큰 변화의 바람을 일으킬 수도 있어.

다양한 시도를 해 보고, 끈기도 가져 보고, 노력을 해 보는 거야. 주어진 상황에서 최선을 다해서 작은 성공도 경험하고, 작은 실패도 겪어 보는 거지. 그리고 여러 시도를 해 보며 세상에는 성공과 실패라는 단맛, 쓴맛뿐만 아니라 신맛, 짠맛도 존재한다는 걸 알게 되는 거야. 하나씩 경험치를 쌓으며 '나'라는 존재의 가능성을 올리는 거지.

예측하기 어렵지만, 네 인생의 새로운 페이지를 위해 너만의 길을 한 발 한 발 밟아 나가는 거야. 우연히 내리는 소나기에 옷이 젖어 불쾌할 수도 있지만 네가 흘렸던 땀과 눈물이 시원하게 씻겨 나가길 바랄게.

꿈을 방해하는 사람은 바로 나

어린 시절 판타지 소설이나 공상 소설을 유독 좋아했는데, 아직도 기억에 남는 책이 제법 있어. 그중 한 가지 이야기를 들려줄게.

바로 미겔 데 세르반테스의 소설 『돈키호테』야. 17세기 스페인의 라만차 마을에 사는 노인인 알론조 키하나는 한창 유행하던 기사 이야기에 빠져드는데, 스스로 돈키호테라는 이름을 붙여. 그리고 뚱보인 산초 판사를 시종으로 데리고 모험을 떠나지.

아마 중세시대 기사 이야기를 잘 모르는 친구라면 의아할 거야. 정신 이상자와 뚱보 시종이라니, 그리고 그 내용을 들으면 '과연 이게 기사 이야기가 맞나?' 하는 의구심이 들 수도 있어.

내가 이 책에서 기억하는 유명한 구절이 있어.

"이룩할 수 없는 꿈을 꾸고, 이루어질 수 없는 사랑을 하고, 싸워 이길 수 없는 적과 싸움을 하고, 견딜 수 없는 고통을 견디며, 잡을 수 없는 저 하늘의 별을 잡자."

고등학교 시절 대학 원서를 쓰기 위해 담임 선생님과 면담하던 때가 생각나.

"종원아, 너 그냥 A대 ○○학과 가라."라는 선생님의 이야기를 듣고, "안 돼요. 저는 교대 가서 초등학교 선생님이 될 거예요."라고 당차게 소리치며 교무실을 나왔어. 그러곤 보란 듯이 수능 대박이 나서 꼭 교대에 입학하겠단 의지를 불태웠지. 그런데 수능을 치르면서 마음먹은 대로 되지 않는 게 인생이라는 것을 느꼈단다.

선생님으로 불리기까지 여러 어려움과 과정이 있었지만, 그래도 잠깐이나마 교단에서 학생들을 가르쳐 봤다는 것은 나에게 큰 의미야. 내가 목표로 한 것을 스스로 이루었기 때문이야.

그때 나는 인생과 진로를 왜 성적에 맞춰서 정해야만 하는지

의문을 가졌던 것 같아. 어쩌면 반항 아닌 반항을 하며, 내 목소리를 냈던 때였던 거 같기도 해. 내가 원하는 학과는 이상적으로 높고, 내 점수로 갈 수 있는 학과 중 취업 잘되는 학과에 진학하는 것이 옳은 것인지를 고민할 때 많은 이들이 같은 대답을 들려주곤 했어.

"취업 잘되는 곳으로 가라. 그래야 먹고사는 데 지장이 없다."

어쩌면 적절하게 타협하는 것이 좋다는 이야기 같았어. 그리고 먹고사는 데 지장이 없다는 것은 지금처럼 직업 안정성이 중요한 시대에 필요한 이야기일 거야.

당시 담임 선생님이 권한 대로 공대에 간 친구들은 대기업에 취업하여 제법 높은 보수를 보장받으며 일하고 있어. 물론, 기업 구조상 남들보다 일찍 퇴직해야 할 수도 있겠지만. 나는 친구들이 부럽기도 하면서, 갑자기 이런 고민이 들더라.

'먹고사는 데 어려움이 없으면 정말 괜찮을까?'

나는 '아니'라고 생각해. 예전 부모님의 시대는 한 직장에서 오래 일하는 것이 미덕이었어. 한 곳에서 인정을 받아 정년까지 근무하는 분을 책임감 있고 믿음직스럽다고 이야기했었지. 그러나 시대가 너무나도 변했더라. 한 곳에 일하는 것은 재미없다고 이야기하는 사람들이 늘고, 앞으로 한 사람이 평생 경험하는 직업이 3~4개는 될 거라고 주장하는 학자들도 있어.

이제 일은 단순히 돈을 벌기 위한 행위가 아니야. 일은 나의 가치를 표현하기 위한 하나의 수단이 되고 있단 이야기지. 그런 분위기에서 이제는 창업에서 더 나아가 직업을 만든다는 '창직'이 등장한 거야. 또한 직업을 통해 자신의 개성을 찾으려고 해.

대부분은 오늘보다 더 나은 내일을 위해, 그리고 목표를 이루기 위해 살아가고 있어. 그런데 때로는 여러 가지 방해나 반대에 부딪히기도 할 거야. 그렇다면, 나의 개성을 찾아가는 과정에 어떤 반대가 있을까?

어린 시절 나는 내가 생각했던 것과는 반대의 조언을 들을 때도 많았어. "내 말 안 들어서 잘못되더라도 탓하지 마라.", "네가 결정한 거니 책임도 져라."라는 이야기를 들을 때면 왠지 무기력해지고 불안한 감정을 느꼈지. 어른들의 조언을 듣지 않으면 잘못될 것 같고 그래서 혼나거나 비참해질 수 있다는 생각이 들었어.

방해를 받는다는 것은 내 곧은 생각이 흐트러진다는 것을 의미하기도 해. 때로는 타인에 의해 방해를 받기도 하지. 하지만 중요한 것은 외부의 영향이 아니라 그것을 어떻게 이용할지 스스로 생각하는 거야.

〈쥬라기 공원〉(1993)과 〈E.T〉(1984)의 감독으로 잘 알려진 세계적인 영화감독 스티븐 스필버그는 어린 시절 유대인이라는 이유로 따돌림을 당해 외톨이였어. 어느 날 영화에서 기차가 충돌하여 폭발하는 장면을 본 뒤 영화를 찍고 싶다는 생각을 했대. 그의 아버지는 8밀리미터 소형 카메라를 가지고 있었는데, 소중하게 생각하던 물건이었기에 아들에게도 카메라를 만지지 못하게 했지.

스필버그는 지혜를 짜내 아버지의 작품에 매번 훈수를 두었대. 그러자 아버지는 "그럼 네가 한번 해 봐라."라고 했고, 그때 처음으로 자신의 작품을 촬영하게 됐어. 당시 그는 영화과를 지망했으나 성적이 좋지 않아서 낙방했는데, 영화를 찍겠다는 꿈만은 포기하지 않았지.

그 후 미국 할리우드에서 유명한 영화촬영소를 구경하러 가게 되었어. 그곳에서 실버즈라는 편집기술자를 만나 그에게 자신이 만든 영화를 보여 주며 꿈을 더 단단하게 만들었대. 일이 좀 풀리려나 했지만, 일거리를 주는 사람은 없었어. 매번 좌절감을 느끼

잡을 수 없는
저 하늘의 별을 잡자

던 스필버그는 영화감독이 된 자신의 모습을 상상하며 이겨냈어. 절대 꿈을 포기하지 않았어. 그러던 중 한 제작자가 그에게 기회를 주면서 22세 최연소 나이로 영화감독이 된 거야.

한번 생각해 보자. 만약 아버지가 카메라를 쓰지 못하게 했다면 영화를 만들겠다는 꿈을 포기했을까? 아무도 그에게 일을 주지 않았다면 그는 꿈을 포기했을까?

나는 아니라고 생각해. 그는 자신을 끊임없이 믿었어. 좌절의 순간에도 자신이 하고 싶은 바가 분명했기에 영화로 사람들을 꿈꾸게 만들 수 있다고 생각했지.

자신의 꿈을 방해할 수 있는 것은 그 누구도 아닌 나 자신밖에 없어. 주변에서 안 될 거라고들 말하고, 스스로 할 수 있겠냐는 의문이 들 때 돈키호테의 이야기를 생각해 보며 잡을 수 없는 하늘의 별을 잡기 위해 떠나 보면 어떨까?

"자, 함께 꿈을 꾸자!"

철학이 있는 삶을 살기를

소크라테스의 '너 자신을 알라', 데카르트의 '나는 생각한다. 고로 존재한다'와 같은 명언들이 있어. 그런데 이런 철학자의 말이 아니라 자기만의 철학을 깊이 고민하고 탐구해 본 적이 있니? 나는 무엇을 할 때 즐거운 사람이고, 내가 처한 현실은 무엇이고, 어떤 삶이 멋진 인생인 것 같은지, 그런 질문들을 스스로에게 던져 봐.

〈생활의 달인〉이라는 프로그램을 보면, 사람들의 철학적 삶에 감탄할 때가 많아. '아… 그래서 달인이 되셨구나.' 뭔가 거창한 목표로 움직였다기보다는 주어진 일들을 자신만의 철학으로 해

나가다 보니 남다른 기술이 생긴 거였어.

"세상에 공짜는 없어요. 자기가 한 만큼 대가가 오는 법이고, 그렇기에 노력해야 하고 또 자기 마음과 약속했으면 지키려고 해야 어떤 결과물이든 얻을 수 있어요."
- 삼척 꽈배기 찹쌀 도넛의 달인

"교과서 같은 얘기지만 정말 좋아서 하면 돈이 벌리더라고요."
- 빵의 달인 임용순

돈이 많고 공부를 잘해서가 아니라, 자기만의 분야에서 자신의 결과물에 대한 열정과 책임감이 있는 사람들이 할 수 있는 말이라고 생각해.

너희들은 어때? 나만의 철학이나 인생 슬로건이 있니? 난 별명이 생긴 후로 나만의 철학이 생겼어. 내 별명이 'Shamcia'인데, 페르시아어로 '태양'을 뜻해. 아프가니스탄의 칸다하르에 사는, 눈이 참 맑고 예쁜 아이가 이 별명을 지어 주었어. 왠지 모르게 그 순간부터 세상에 따뜻함을 전하는 사람이 되어야겠다는 게 내 인생의 슬로건이자 철학이 되었지. 막상 적고 보니 평소에 그렇게 살지 못한 것 같아 부끄러움이 몰려오네.

'가치'를 중요하게 생각하는 세상이 됐어. 우리도 각자 자신이 지향하는 가치가 무엇인지를 고민해 보자.

가수이자 JYP 대표인 박진영이 〈집사부일체〉라는 프로그램에 나와서 이런 말을 한 적이 있어.

"I want to be successful. 성공하고 싶었어요. 그래서 성공을 이뤘어요. 그런데 허무했어요. 그래서 계속 고민하다가, '답을 찾아보자! 찾아보고 못 찾으면 그냥 살자!' 이런 마음으로 내 삶에 대한 답을 찾으려 했어요.
그렇게 찾아낸 것! I want to be respected. 과정이 좋아야 존경스러운 부분이 생기는 것이고, 내 삶의 모습이 귀 기울일 만한 가치가 있어야 존경받을 수 있다는 걸 알게 되었습니다. 인생에는 정답이란 없고 자기의 답만 있을 뿐입니다."

선생님 세대에는 안 되는 걸 되게 하려는 사람이 슈퍼 능력자였는데, 지금은 꼭 그렇지만은 않은 것 같아. 정답 없는 인생에서 자기만의 답을 찾는 게 필요할 뿐. 그러니 삶에 너만의 철학을 만들어봐.

철학이라고 하니까 거창하고 어려운 거라는 생각이 먼저 들 거야. 하지만 그건 단어가 주는 무게감일 뿐이야. 살면서 가슴에 새기고 싶은 말이나 문구라고 하면 쉽겠지. 네가 깊이 생각해서 정한다면 그것만으로도 철학이 생기는 거니까.

자기 삶에 철학이 있는 사람과 없는 사람의 차이는 겉으로 드러나지 않아. 외모가 그 사람의 사고의 범위나 가치관을 말해주지 못하지. 네가 품은 철학은 네 가슴과 머리에 깃들어 세상을 바라보는 시각이나 삶의 방향을 정해줄 거야. 사회에서 일어나는 현상의 옳고 그름을 판단하는 기준도 제시해 주지. 네 행동의 뒷받침이 되고 말이야. 네가 정한 철학, 그 어떤 기준은 네 삶을 변화시켜 발전하는 동기가 될 거야. 아직 네 삶의 철학에 대해 생각해 본 적 없다면 지금부터 생각해 보는 건 어때?

진로 선택,
나에게 맞는 친구를 만드는 일

결혼을 준비하면서 아내가 될 사람과 함께 가구를 보러 다닌 적이 있어. 우리는 젊었고, 가진 돈은 많지 않았지. 비교적 저렴한 걸 찾는 우리에게 가구점 주인은 '가구는 평생 친구와 같은 것'이라는 말씀을 하시며, 이왕 사는 거 좋은 것으로 사서 오래도록 쓰는 게 좋다는 조언을 덧붙였지. 살다 보니 그게 맞는 말이기도 했어. 어마어마하게 크고 값비싼 가구들이 있었는데, 우리는 그때 산 장롱을 12년이 넘도록 썼고 앞으로도 바꿀 생각이 없으니 말이야.

하지만 우리 아버지의 말씀은 또 달랐어. 한꺼번에 혼수품을 미리 사지 말고 나중에 더 좋은 제품이 출시되면 그때 구매하는 것도 괜찮은 방법이라고. 때마다 나오는 신제품들을 눈여겨보다가, 시간이 지나고 아이가 생기고 또 그 아이가 커가면서 필요한 것들이 있을 때 사는 것도 나름 재미가 있다고. 그때그때 유행하는 그릇이나 가구들을 사는 재미도 물론 있겠지만 그렇게 마련된 살림들이 실제로 많이 쓰이기도 하니, 지금 우리는 미리 사둔 물건들 절반 외에 나머지 것들을 필요할 때마다 하나씩 사며 생활을 하고 있어.

흔히 우리는 진로를 한번 정하고 나면 평생 그 길을 가야 하는 게 아닐까 하는 생각으로, 큰 부담을 안고 선택을 하지. 그 때문에 선택의 순간이 올 때마다 고민이 많아지는 것이고, 거듭 고민을 하다 결국 다른 사람들이 무난히 많이들 선택하는 길을 따라 걷기도 하는 것 같아.

그런데 그 진로라는 것이 내가 말했던 가구들처럼 평생을 가는 친구가 되기도 하고 중간에 바꾸어가면서 자신에게 맞는 친구를 선택해나가는 여정이 되기도 해. 단번에 모든 것이 결정되어 평생 함께 갈 수 있다면 참 좋겠지만, 그런 경우는 드물기도 하고 선택할 때 부담스럽기도 하지.

진로 선택은 나에게 맞는 친구를 만드는 일이기에, 적절한 선택과 준비가 필요한 거야. 그리고 그 진로는 언제든 바뀔 수 있다는 생각으로 지금의 고민들을 조금은 덜었으면 좋겠어. 당장 선택하는 모든 것들이 평생 너의 운명을 결정할 거라고만 생각하지 말고, 어떤 친구가 네 곁에 있으면 좋을지 천천히 찾아봐.

로버트 드니로라는 멋진 할아버지 배우가 나오는 '인턴'이라는 영화가 있어. 그 영화는 한때 회사에서 부사장까지 역임했던 노인이 은퇴 후 어느 패션 회사의 인턴으로 취업하는 이야기를 담고 있어. 이 노인은 그동안 자신이 살아왔던 방식과 새로운 직장의 업무 방식 사이에서 자신만의 적절한 대안을 제시하며 역할을 톡톡히 해내지. 시간이 흐르며 자신의 역할을 수행하는 것을 넘어 전 직원들에게 영향을 미치는 단계에 이르게 돼. 오너와 회사 동료들의 정신적인 지주가 되어주기도 하고 반듯하고 정직한 태도로 일하며 회사 문화에까지 영향을 주는 거야. 은퇴한 노인이 무엇을 하겠냐며 기대하지 않던 사람들도 회사에 긍정적인 영향을 끼치는 할아버지를 정식 인턴으로 인정하며 영화는 끝나.
우리는 한 직장에 들어가 평생의 삶을 보내고 은퇴 이후에 자연스럽게 쉼으로 일생을 마감하는 것이 보통의 표준화된 삶이라고 생각하지. 그런데 이 영화에서는 은퇴한 노인의 다음 단계의 삶을 이야기하고 있어. 그 노인은 이전 직장에서 최선을 다해 일을 했고, 은퇴 이후에도 변화에 적응하며 자신의 길을 갔어. 그리고 여전히 노인이 가야 할 길은 남아 있고, 앞으로도 성장하며 자신의 삶을 개척해갈 거야.

"뮤지션에게는 은퇴가 없대요. 음악이 사라지면 멈출 뿐이죠. 제 안엔 아직 음악이 남아 있어요."

주인공 할아버지 인턴은 자신에게 남은 열정에 대해 이렇게 이야기하며, 그 열정을 따라 삶을 계속해 나가고 싶다고 말해.

사람은 매일 똑같은 날을 사는 것 같지만 사실 매일 다른 하루를 살고 있어. 네 안의 열정을 끄집어내는 일을 결코 두려워하지 마. 또 너에게 펼쳐질 앞으로의 삶은 지금까지와는 또 다른 모습일 테니, 벌써부터 조급해 하지 않았으면 해. 너와 함께할 좋은 친구를 찾아, 너의 나날들이 행복할 수 있기를 바랄게.

경험치로 레벨업하기

　어린 시절, 게임에 빠져 살던 때가 있었어. 초기 PC방은 커피를 마시며 문서를 작성하거나 이메일을 체크하는 카페 역할을 한 거 알고 있니? 인터넷이 보편화되기 전이라 PC방에서 업무를 보는 어른들이 많았던 게 기억이 나.

　4차 산업혁명 시대를 앞두고 AI와 빅데이터가 중요시되는 것처럼 컴퓨터와 인터넷이 보급되던 디지털 3차 산업혁명으로 인해 컴퓨터학원에 다니며 너도나도 워드 프로세서나 컴퓨터 활용 자격증을 따곤 했지. PC 게임의 시조새 격인 '스타크래프트' 돌풍이 불며 PC방은 어른들과 학생들로 붐비는 게임 오락 시설이 되었어. 요즘 표현으로 인싸, 아싸 할 것 없이 학생들 대부분이 하교 후 당연하게 PC방을 들렀어. 오락 시설로 주름잡았던 만화방이나 당구장보다 PC방이 더 많아졌으니 그 열풍이 얼마나 대단했겠어?

당시 최고의 인기를 누렸던 '디아블로2'라는 게임이 있었는데, 나 역시 그 게임에 푹 빠져 시간을 보내곤 했어. 다른 플레이어와 전투해 이기기 위해 내 캐릭터를 아주 공들여 키웠던 것 같아. 전투에 져서 죽지 않게끔, 조금이라도 불리하거나 위험하면 무조건 안전구역으로 도망가 숨어버렸어.

하지만 앞으로 나와서 싸웠던 다른 플레이어들은 경험치가 자꾸 쌓이고, 캐릭터가 더 성장하더라고. 전투에서 불리한 순간에 숨는 것보다 맞서 싸울 때 오히려 더 재미있고 짜릿하기도 했어.

우리 삶도 마찬가지라고 생각해. 어떻게 보면 인생 역시 '나'라는 캐릭터가 여러 경험을 하며 경험치를 쌓고 레벨을 올리는 과정인 거지. 물론 중간중간 체력도 떨어지고 기력도 없을 때가 있겠지만, 그건 성장하는 과정에서 불가피한 단계일 거야.

지금도 모든 순간에 최선을 다하며 살아가고 있을 너에게 해주고픈 말은, 게임에 패했더라도 실망하지 말라는 거야. 경험치는 사라지지 않을 테니, '이게 맞는 걸까?', '정말 옳은 방법일까?' 이런 생각에 사로잡혀, 지레 겁을 먹고 안전지대에만 있으려고 하지 마.

뭐 어때? 그냥, 한번 부딪쳐 보는 거야!

도전은 매우 흥미로운 과제야. 너를 꿈꾸게 하지. 틀에 갇힌 생각을 깨는 기회이며 반복되는 일상에 자극과 열정을 불어 넣어주는 길이거든. 학교 공부는 정해진 답만 찾게 만들어. 그 답을 빨리 그리고 많이 찾는 학생에게 '엄지척'을 해주지.

그렇지만 사회는 그렇지 않아. 학교를 졸업하면 자기 모습 그대로 사회라는 낯선 세계에 진출하게 되는데, 여기에는 정답이 없어. 그리고 모든 행동에 책임져야 하지. 학교에서 배운 대로 정답을 찾는다면 혼란만 가중될 뿐이야. '대체 뭘 어떻게 해야 하죠?'라고 조언을 구할 사람을 만나지도 못할뿐더러 만나더라도 그 사람이 해주는 말은 뻔해.

"너 알아서 하렴!"

이런 대답을 들으면 답답하겠지만, 사회가 그래. 이미 성인이 된 다음에는 막연하지만 너에게 주어진 삶의 미션을 수행해야 하지. 그래서 학창시절에 다양한 방법으로 경험치를 높여 놓는 게 중요해. 그러면 어떤 문제 상황을 직면하더라도 대응능력이 생기고 적응력과 면역력이 높아지니까.

어느 고등학교 강연에서 이렇게 말했더니 공부하기도 바쁘다는 대답이 돌아왔어. 대한민국 고등학생의 현실을 모른다는 말이었어. 물론 맞아. '경험치'를 높이기에는 수능이라는 입시제도의 문턱이 너무 높고 원하는 대학의 경쟁률은 치열하지. 하지만 기억해줘. 뭐든 아는 만큼 들리고 아는 만큼 보이는 거야. 무슨 말이냐면, 꼭 현장에서 맞닥뜨리는 것만이 경험치를 높일 수 있는 방법은 아니라는 거야. 좋아하는 분야의 책을 읽으며 더 넓은 세상을 경험할 수도 있고, 글을 쓰고 생각을 정리하며 지식을 확장할 수도 있어. 또 인터넷으로 정보를 알아보는 식의 간접 경험도 직접적인 경험만큼이나 너에게 큰 영향을 줄 수 있지. 경험치를 높이고 넓어진 시야를 느껴봤으면 좋겠다.

되는 쪽으로 생각합시다

얼마 전 제자들과 제주도로 자전거 일주를 떠났을 때 일이야. 난 그 녀석들에게 가슴 뛰는 시간을 만들어 보라고 했어. 학교에서 돈도 주고 시간도 주고 자유도 준다고 했으니 제발, 그저 그런 시간 말고 평생 잊지 못할 버킷리스트 같은 걸 만들어 보자고 했어. 낯선 곳으로 자신의 몸을 부딪쳐 보라고 말이야.

제주도 자전거 순환로는, 실거리는 220킬로미터이지만 맞바람과 언덕 등을 고려하면 체감 거리는 250여킬로미터 정도는 되는, 생각보다 힘준한 곳이었어. 공원에서 잠깐 자전거를 타 본 녀석들에게는 충분히 힘들 수 있는 여정이었지. 하지만 그들은 제주도 일주 완주를 하겠다는 포부를 보여주었고, 평소와 다르게 열정 넘치는 그들의 모습을 보며 나는 약간 어리둥절하긴 했지만 녀석들을 따라 나섰어.

날이 어두워지고 저녁 9시가 되어서야 우린 숙소 근처에 도착할 수 있었어. 그날 밤 산속에 있는 숙소까지 자전거를 끌고 올라갈 수 없었던 우리는 길바닥에 나앉았다가, 나중에 근처 복지센터의 도움을 받아 숙소로 되돌아올 수 있었어. 어쨌든 우리는 서로를 응원하며 온종일 달릴 수 있었어.

이런 실력과 체력으로는 제주도 일주가 불가능하다던 자전거 가게 아저씨의 말을 뒤로 한 채, 우리는 엄청난 시간을 경험하며

제주도 일주를 마쳤어. 용두암에 도착하고서 우리 6명은 삼겹살 20인분을 먹어 치웠고, 그날의 도전으로 그들은 자신의 한계를 점차 늘려 나갔지. 어떤 녀석은 국토 종주 계획을, 어떤 녀석은 푸드 트럭 장사 계획을 세우면서 말이야.

가지 않을 수 있는 고난의 길은 없었다.

몇몇 길은 거쳐 오지 않았어야 했고

또 어떤 길은 정말 발 디디고 싶지 않았지만

돌이켜보면 그 모든 길을 지나 지금 여기까지 온 것이다.

(… 중략)

그 길이 내 앞에 운명처럼 패여 있는 길이라면

더욱 가슴 아리고 그것이 내 발길이 데려온 것이라면

발등을 찍고 싶을 때 있지만

내 앞에 있던 모든 길들이 나를 지나

지금 내 속에서 나를 이루고 있는 것이다.

-도종환, 「가지 않을 수 없던 길」

도종환 시인은 이 시에서 '그 길이 내 앞에 운명처럼 파여 있는 길이라면 …. 내 앞에 있던 모든 길이 나를 지나 지금 내 속에서 나를 이루고 있는 것이다.'라고 했다.

가지 않을 수 없는 그 길, 내 앞에 운명처럼 파여 있는 그 길, 그 길은 너를 이루어 가는 길일 거야.

지금도 그들의 가슴속에 그때의 자전거 여행과 그때 나눈 이야기들이 남아 있는 것은 그것이 지금의 그들을 만들었기 때문이야. 그날의 기억은 또 다른 도전을 꿈꾸게 했어.

너에게 주어진 삶. 어떻게 하면 잘살 수 있느냐고 묻는다면 수년 후에 너의 기억 속에 남게 될 그 추억을 지금 만들어 보라고 말해 주고 싶어. 그리고 모든 것을 포기하고 싶을 때, 그 녀석들이 했던 말을 끄집어내 너에게 다시 들려주고 싶어.

"되는 쪽으로 생각합시다!"

그 모든 길을 지나

지금 여기까지 온 거야

에든버러로 가자

나의 어린 시절은 외로울 때가 많았어. 시골 마을에 살면서 혼자 지내는 시간이 많았거든. 그 시간에 책을 읽거나 사색을 하며 하루하루를 보내곤 했는데, 그중 특히 영화를 보는 시간이 참 좋았어. 그 시절 나는 영화감독이 되어야겠다는 꿈을 꿨어. 나와 같이 혼자 세상을 배워야 하는 사람들에게 세상의 좋은 이야기를 들려주고 싶었기 때문이지.

어느 날 국어 선생님은 원하는 학생들 몇몇을 모아 서울 대학로로 향했고, 그곳에서 소극장 뮤지컬을 한 편 보여 주셨어. 그 이후로 친구들과 나는 그 시간이 너무 좋아서 각자 용돈을 모아 기

말고사를 마친 날, 서울 예술의 전당에서 하는 〈명성황후〉라는 뮤지컬을 보러 갔어. 난생처음 대규모 공연을 본 거야. 시골에서 올라온 남학생들은 그 두 시간이 어떻게 지나갔는지도 모를 정도로 흥분했고, 그 감동을 입으로 떠들어 대며 집으로 돌아왔어.

나는 뮤지컬 세계로 뛰어들어보고 싶다는 생각을 했어. 그런 매력적인 공연 세계가 있다는 걸 뮤지컬을 보기 전까지는 몰랐어. 머리로 아는 것과 온몸이 떨리는 경험의 전율은 참 많이 다르더라.

대학에 가서 미친 듯이 용돈을 모아 값싼 티켓을 구해 공연을 보러 다녔어. 그리고 그러던 중에 세계의 공연을 보러 다녀야겠다고 생각했고 영국의 에든버러를 알게 되었지.

연극의 본고장인 영국 에든버러에서는 매년 연극축제가 열려. 전 세계에서 모인 다양한 공연 전문가들이 공연을 올리고 함께 즐기는 연극의 장이야. 그 장을 통해 공연의 도시인 뉴욕의 브로드웨이나 런던의 웨스트엔드로 진출하기도 해. 나는 에든버러는 못 가 봤지만 프랑스의 '아비뇽 연극 축제'에는 다녀온 적이 있어. 한창 공연에 마음을 빼앗겼을 때 한 달 동안 배낭을 메고 런던과

파리, 잘츠부르크, 빈, 로마, 아비뇽, 프라하에 이르기까지 다양한 공연을 보러 다니며 견문을 넓히곤 했지.

물론, 나는 지금 공연기획자로서의 길을 그만두고 교사로 살아가고 있지만 한때의 낭만이었던 그 공연에 대한 애정을 버리지 못하고 지금까지도 공연과 관련된 활동들을 하고 있어.

벌써 2년째 연극 수업을 선택해 준 고마운 녀석들에게 이제 무엇을 가르쳐야 할지 고민 끝에 나는 이렇게 물었어.

"나와 함께 에든버러에 가지 않을래?"

내가 그렇게 물어본 데에는 어쩌면 나의 제자들이 온몸으로 인

생을 살아내길 바랐을지도, 또 그때의 나보다 훌쩍 성장하길 바랐을지도 모르겠네.

루시 모드 몽고메리의 소설을 원작으로 넷플릭스에서 만든 〈빨간머리 앤〉 드라마가 있어. 그 드라마에서 학생들과 자신의 직업을 사랑하지 않았던 선생이 가고 새로운 선생이 등장하는데, 그녀는 체험 중심의 교육을 하며 학생들의 마음을 점차 얻게 되지. 그러던 어느 날 사고가 나는 바람에 학생 한 명이 심하게 다치고, 그 선생은 마을에서 쫓겨날 위기에 놓여. 그때 학생들은 부모님들 앞에서 그 수업이 자신들에게 얼마나 의미가 있었는지를 설명하면서 다음과 같은 말을 해.

이야기해 주시면 잊습니다.

가르쳐 주시면 기억합니다.

참여하게 해 주시면 배웁니다.

우리가 성장하지 않는다면

여기에 있을 이유가 없습니다.

그들은 성장하고 싶어 했어. 단지 기억하는 것을 넘어 배우고 싶었던 거지. 이들이 진정한 성장을 맛보았기에 어른들을 향해서도 당당히 외칠 수 있었어.

사람은 경험을 통해서 배울 수 있어. 내가 고등학생 때 경험했던 그 〈명성황후〉라는 뮤지컬과 그 분야에 대한 열정으로 지금 너희들과 대화하고 있듯이, 그들이 에든버러에서 직접 만든 공연으로 티켓을 홍보하고 외국인들과 멋진 공연으로 소통해 내는 사고를 쳐 주길 바랐어. 그리고 그때 이 길을 계속 갈지 말지를 결정하면 되거든.

'장님 코끼리 만지기'라는 이야기가 있어. 인도의 경면왕이 눈이 안 보이는 사람들에게 코끼리를 만지게 했는데, 그들은 자기가 만지는 부분만으로 거대한 그것의 정체를 판단했다는 이야기야. 코를 만진 사람은 절구공이라고 하고, 상아를 만진 사람은 무와 같다고 하고, 다리를 만진 사람은 나무 기둥이라고 했지. 귀를 만진 사람은 곡식을 까불 때 쓰는 키라고 하고 꼬리를 만진 사람은 굵은 밧줄이라고 했대. 자신이 알아낸 사실을 근거로 코끼리 전체를 파악했다고 믿은 거지. 코끼리의 정체를 아는 우리는 웃을 수밖에 없지만 이런 일은 일상에서 생각보다 자주 일어나. 나도 그렇지 않다고 장담할 수는 없어. 그래서 다양한 경험이 중요한 거야. 세상이 얼마나 넓니? 시시각각 변화하며 발전을 거듭하고 있잖아.

관심 있는 분야가 있다면 겁내지 말고 직접 경험해 봐. 네가 짐작했던 것보다 멋지지 않아서 실망할지라도 직접 눈으로 보고 알아보는 게 의미 있어. 멀리 서서 구경꾼으로 조망하지 말고 한 걸음 더 다가가는 거야. 어쩌면 단순한 그 일이 네 삶의 가치를 찾게 해 줄지도 몰라.

○ ○ ○

"얘들아. 인생에는 늘 B플랜이 있어. 지금 너에게
아무것도 없다고 해서 좌절하지 마. 우리에게는 다
른 길이 있는 게 아니라, 다른 길을 생각해낼 수 있
는 머리가 있다고."

2장

내 안의 나를
발견하는 일

인생은 누가 대신 살아줄 수 없기에

"선생님, 제가 페임랩 대회를 준비해야 하는데, 어떻게 해야 할지 막막해요."

어느 날, 오래전부터 알던 학생으로부터 톡이 왔어. 어려울 수도 있겠다는 생각에 가이드가 될 만한 질문을 던져 주고, 관련 주제에 대한 영상을 찾아서 보내 주었어.

"선생님, 보내주신 관련 영상을 보고 정리도 해 봤지만 여전히 준비가 막막해요."

'내 설명이 부족했나?'라는 생각에 다시 한번 찾아야 할 자료와 고민해 봐야 할 것들을 보내 주었어.

"선생님, 잘 모르겠어요. 내일까지 내야 하는데 아직도 잘 모르겠어요."

'나보고 주제를 골라 달라는 건가? 아니면, 내용 전개까지 다 써달라는 건가?'

그 학생을 탓하기 전에 나의 젊은 시절 기억을 더듬어 보았어. 독해와 문법 위주의 영어에 익숙한 내가 대학 리포트를 영어로 써서 내야 할 때가 있었는데, 정말 막막하고 답답해서 두렵기까지 하더라고. 이 숙제를 못 낼 것 같은 두려움이 엄습했어. 나는 영작하는 방법을 몰랐거든.

기숙사 생활을 하던 나는 옆자리 선배가 외고 출신이라 영어를 잘한다는 것을 알게 되었고, 그 선배에게 막막하다고 말했어. 새벽 늦게까지 계속 끙끙거리는 나를 보더니 결국 선배는 나를 대신해 고맙게도 영작을 맡아서 해 주었어.

그때부터 나는 "잘 모르겠어요. 막막해요."라는 말을 습관처럼 달고 살았어. '그러면 누군가가 도움을 줄 것이다.'라고 나도 모르게 생각하고 있었나 봐.

이 어리석은 습관은 나를 도전하지 못하는 사람으로 만들고 있었어. 어려울 것 같은 공부는 시작도 하지 않아서 대학에서 배울 수 있었던 전문적 배움의 기회도 많이 놓쳤지.

그런데 이러한 습관을 깨는 순간이 찾아왔어. 전공 프로젝트 발표 때였지. 아파트 단지를 설계하고 모형을 설치하여 그 콘셉트에 대해 발표하는 수업이었는데, 그 당시 나는 전공을 바꾼 첫 학기여서 전문적 지식이 많이 부족했어. 그래서 건축 콘셉트에 관한 내용을 배워서 아이디어를 내려고 생각하기보다는 '엄청 실력 좋은 선배 팀에 들어가서 좋은 점수를 받아야지.' 하는 생각을 했어. 쉬운 길을 택하려고 한 셈이지. 그리고 정말 운 좋게 그 바람이 이뤄졌어. 그 팀은 비교적 쉬운 모형 만들기를 하고 이 콘셉트가 왜 필요한지, 이것이 무엇에 유리한지에 대한 실제 내용을 알려고 하지도 않았어.

발표 당일이 되고, 멋진 작업물을 완성한 우리 팀은 멋있게 발표하고 좋은 학점을 받으리라 기대했는데, 갑자기 교수님이 나에게 돌발 질문을 던졌어. 당연히 나는 그 질문에 대답하지 못했고, 교수님은 내가 이 프로젝트에서 아무런 도움을 주지 않은 사람인 양 모두의 앞에서 말했어. 얼마나 창피하던지 얼굴이 벌게졌지. 그때는 그 교수님을 원망하기도 했는데, 지금 돌이켜 보면 그 순간이 내 인생에서 꼭 필요했던 것 같아. 모르면 모르는 대로 찾아 보고 질문도 해 보고 적용도 해 볼걸. 나는 참으로 많은 것을 배울 수 있는 현장의 기회를 잃고 살아왔던 거야.

故 신해철 가수는 언젠가 이렇게 말한 적이 있어.

"자기가 세모라는 문제에 시달리고 있으면 주위에 동그라미, 네모 와 같은 문제는 너무 작아서 문젯거리도 안 돼요. 그래서 세모만 없어지면 행복할 거 같았는데, 막상 세모 문제가 해결이 되고 나니 이제는 그 조그만 동그라미 문제가 그 세모의 다섯 배만큼 커져요. 이번엔 그게 정말로 중요한 문제가 돼요."

한 문제가 해결되면, 또 다른 문제가 생기는 게 인생이지. 크고 작은 문제들의 연속이야. 그런데 그것이 너와 나의 문제만이 아니라 원래 그런 것이라면, 또 그것이 순리라는 생각이 든다면 아마도 '뭔가 꼼수가 있겠지', '묘책이 있겠지' 하고 답을 찾아 이곳 저곳 헤매지는 않을 거야. 당장의 문제에 집중해서 하나하나 문제를 해결하다 보면 자신도 몰랐던 역량이 길러지지.

아침에 일어나서 양치하고 교복 입고 학교에 가는 것이 막막하다고 말하는 사람은 없어. 이미 우리의 일상적인 일이 되었으니까. 그런데 유치원생이라면 어떨까? 결코 만만한 일이 아닐 거야. 인생의 모든 일이 이렇게 전개되는 것은 아닐까?

우리가 걸어야 할 인생의 길에는 어떤 정답도, 딱히 묘책도 없단다. 그래서 멜로가 되든, 스릴러가 되든, 코믹이 되든 자기 주도적으로 인생의 장르를 만들어 가야 한단다. 석가모니 아저씨도 인생은 고통이라고 했어. 그리고 고통 속에서 만나는 잠깐의 오아시스는 정말 달콤할 거야.

인생의 길에는 어떤 정답도,
딱히 묘책도 없으니까

모소 대나무가 알려준 사실

어느 날 나는 한 통의 전화를 받았어. 10여 년 전 가르쳤던 제자 중 이상하게 마음이 많이 갔던 녀석의 반가운 목소리였어. 그 친구하고는 참 이야깃거리가 많은 것 같아.

언젠가 그 녀석이 체육대회 때 축구 대표로 나가게 되었다며 자랑을 한 적이 있어. 문득 나의 중학교 시절이 떠올랐는데, 그때 내가 자살골을 넣고는 망연자실했던 기억이 나더라고. 그래서 제자에게 자살골 이야기를 했는데, 아뿔싸. 경기를 마치고 달려온 제자는 이번 체육대회 축구 경기는 그 이야기 탓인지 망했다고 그러더라. 괜히 미안한 마음에 같이 맛있는 걸 먹으러 갔지.

당시 전화를 하면서 제자가 했던 한마디는 잊을 수가 없어.

"선생님. 그때가 행복했어요!"

그 친구가 고등학생이 되었을 때는 중학생 시절 나를 만났을 때가 행복하다고 하더니, 대학을 졸업하고 사회인이 된 지금은 고등학생 때가 행복했다고 이야기하곤 해. 아침 7시부터 밤 10시까지 수업과 야간 자율 학습을 하면서 성적에 대한 압박과 스트레스가 많던 그때가 왜 행복했는지 물었지.

"그냥 그때도 오만 가지 걱정이 있었지만 지금 생각하면 그때의 걱정은 아무것도 아니었네요. 하하!"

참 희한한 일이야. 통화한 제자뿐 아니라 다른 제자들도 그런 이야기를 하거든. 마치 '라떼는 말이야.'라며, 과거를 회상하듯이. 어쩌면 이 책을 읽는 너희들도 "음. 예전엔 행복했지."라며 고개를 끄덕일지도 모르겠네.

성장하면서 자신의 결정에 스스로 책임져야 할 일들이 많아진 것에 대한 두려움이 있을 수도 있고, 내가 정말 잘하는 것이 뭔지도 모르는데 그럼에도 무언가 선택해야 한다는 부담감과 '그 결정이 잘되지 않으면 어쩌지?' 하는 걱정이 많아져서 그런 게 아닐까.

그녀석은 현재 음악을 하며 자신의 꿈을 이루고자 노력하고 있어. 그렇지만 역시나 가장 중요한 먹고사니즘에 대한 불안감은 어쩔 수 없는 것 같아.

한 가지 기억했으면 하는 건 '불안은 영혼도 잠식한다.'는 말이야. 가능하면 매일 즐거운 마음으로 살자고 다짐해 봐. 마치 마법사처럼 주문을 외우는 거지.

중국 극동 지방에는 '모소 대나무'라는 희귀종이 있어. 농부들은 수년 동안 정성을 다하지만, 이 대나무는 4년 동안 3센티미터 정도밖에 자라지 않아. 어쩌면 잘 모르는 사람들은 이 대나무를 왜 키우는지 이해하기 어려울 거야. 그런데 5년째 되는 날부터 하루에 무려 30센티미터씩 자란다고 해. 그렇게 6주 만에 15미터

이상 자라서 울창한 대나무 숲을 만들지.

　나의 성장이 멈춰 버린 것 같고 진로가 분명하지 않아도, 우리가 지금 하고 있는 무언가는 뿌리가 뻗어나가는 것처럼 저 보이지 않는 곳에 차곡차곡 역량을 쌓아가고 있는 중이야. 6주 동안 훌쩍 자라나기 위해 4년 전부터 보이지 않는 땅속에서 뿌리를 뻗치고 있던 모소 대나무처럼 말이야. 지금의 순간들이 너희에게 보이지 않는 거름을 주는 시기가 되길 바란다.

잘하는 게 없어요

'긴급 호출, 떡볶이집으로…'

한 제자의 호출로 나는 어느 떡볶이 가게로 향했어. 세상에! 떡볶이도 알아서 골라 담는 뷔페가 있더라. 우리는 전골냄비를 들고 여러 가지 떡볶이 재료들을 담았어. 조랭이떡, 긴 떡, 짧은 떡, 일반 당면, 중국식 당면, 매운 소스와 크림소스를 살짝 섞어넣었지.

그런데 보글보글 소스가 끓는 동안 제자는 고민에 잠긴 얼굴을 하고 앉아 있더니 이야기를 시작했어. 오랜 시간 생활기록부의 '특기'란과 '진로'란을 비워 온 녀석에게 빨리 적어서 제출하라는 담임 선생님의 호출을 받았다는 거야. 무엇 하나 잘하는 것이 있어야 특기를 적을 텐데, 특별히 잘하는 것이 없으니 무엇을 적으라는 건지 도저히 모르겠대.

"야! 네가 생각해 봐도 없으면 없는 거야."

어른답지 못한 조언이라 생각하겠지만, 나는 그냥 솔직하게 말했어. 지금 먹고 있는 이 떡볶이만 하더라도, 이것저것 먹어 봐야 입맛에 맞는지 아닌지 알 수 있듯이 특기도 스스로 점차 찾아가는 거지. 20년 전에는 이런 떡볶이 뷔페가 나올 줄 누가 알았어? 그냥 주는 대로 먹는 세대를 지나 이제는 얼마든지 자신이 선택해서 맛볼 수 있는 시대가 온 거야.

처음부터 입맛에 맞는 것을 고른 건 그저 운일 뿐이야. 실패와 실수, 잘못된 선택이 결국 적절함을 찾게 하는 거지. 특기? 누구나 적기 어려운 칸이야. 그건 어른이 된다고 해도 달라지지 않아. 결국 잘하는 걸 찾기 위해서는 누구든 여러 시도를 해 봐야 하거든.

'BTS'의 RM이 했던 말로 갈음할게.

"어제 실수했더라도 어제의 나도 나이고, 오늘의 부족하고 실수하는 나도 나입니다. 내일의 좀 더 현명해질 수 있는 나도 나일 것입니다. 이런 내 실수와 잘못들 모두 나이며, 내 삶의 별자리의 가장

어제의 나도 나,
오늘의 나도 나

밝은 별무리입니다. 저는 오늘의 나이든, 어제의 나이든, 앞으로 되고 싶은 나이든, 저 자신을 사랑하게 되었습니다."

-미국 뉴욕 유엔 본부 신탁통치이사회 회의장, '유니세프 청년 어젠다 제너레이션 언리미티드' 행사 연설문

지금 너의 고민이 네가 되고, 진로란을 잘 못 적어도 그것이 네가 되고, 뭐 하나 제대로 되는 것이 없어도 그것이 다 너이니, 그냥 너 자신을 사랑하라는 말이야.

지금 너의 특기란에 무언가를 써넣어야 한다면, 특기가 되길 희망하는 것을 넣으면 되잖아? 그리고 진로란에 무엇인가를 넣어야 한다면 네가 지금 이 자리에서 상상할 수 있는 너의 미래를 써넣으면 되는 거고.

오늘은 내가 맛난 떡볶이 소스를 만들어 줄 테니 이제 네 소스는 네가 만들어 봐. 그것이 가장 맛있는 떡볶이를 만드는 법이야!

스티브 잡스는
처음에 그 일을 원하지 않았다

우리는 애플 창시자 스티브 잡스를, 좋아하는 일을 선택해서 성공한 멋진 위인이나 열정의 아이콘으로 알고 있어. 그러나 당시의 스티브 잡스는 인도를 여행한 후 영적 세계와 명상에 심취한 상태였고, 컴퓨터와 관련된 사업에 전혀 관심이 없었다고 해. 그때만 해도 엄청나고 위대한 목표를 가진 사람이 아니었다는 거지. 컴퓨터와 관련된 일을 하기 시작한 것은 그저 생활에 필요한 약간의 생활비를 벌기 위해서였어.

스티브 잡스는 한 인터뷰에서 "돈이 필요해서 했습니다. 대단한 비전을 발견해서 시작한 게 아닙니다. 저도 이렇게 커질 줄 몰랐습니다."라고 말했어. 사람들의 삶을 변화시키며 그의 업적을 인정받자 나중에 그는 자신의 일을 사랑하게 된 거야.

한국 사회에서는 무언가 그만두었을 때, 끈기가 없다는 평가를 받기 쉬워. 하지만 지금 당장 꿈이 없어도 괜찮아. 어떤 이들은 봉사활동을 하다가, 또 누군가는 아르바이트를 하다가 꿈이 생기는 경우도 있으니까. 세상에 존재하는 직업 리스트를 모두 뽑아서 알아보거나 간접 경험을 해 봐도 좋고, 직업성향검사를 해 봐도 좋고, 그러다 보면 너희 마음에 드는 몇 개의 영역이 생길지도 모르지.

물론 방황과 탐색은 달라. 탐색하는 사람은 이리저리 많은 것들을 해 보고 생각하느라 바쁜데, 방황하는 사람은 자기가 본능적으로 하고 싶은 생활만 반복하면서 생각의 필요를 굳이 느끼지 않거든.

'나를 위한 생각 습관'을 가져 보는 걸 추천해. 나를 곰곰이 생각하고, 다짐하고, 나에게 주어진 일들 중 내 마음에 와 닿는 모든 것들을 해 보고, 마침내는 열정을 펼치는 거야.

스티브 잡스의 말로 마무리할게.

"사람들은 자신이 하는 일에 엄청난 열정을 가지고 있어야 한다고 말하죠. 그런데 이것은 정말 중요한 사실입니다. 자신이 하는 일이 언젠가 정말 힘든 순간이 올 때 내가 내 일을 좋아하지 않는다면 그 일을 포기할 수도 있기 때문입니다."

좋아하는 일과 잘하는 일, 어느 것을 선택할까

좋아하는 일과 잘하는 일 중 어떤 것을 선택해야 할까?

나 역시 이 고민을 오랫동안 해 왔어. 내가 좋아하면서도 잘하는 일을 찾기가 쉽지 않다는 것을 느낄 때도 많았지. 잘하는 일을 직업으로 삼기에는 너무 재미없을 거 같고, 좋아하는 일을 직업으로 삼기에는 먹고살기 어려울 거 같은 고민, 누구나 한번쯤 해 보는 것 같아.

난 책을 좋아해서 어릴 적 서점을 운영하는 것이 꿈이었던 적이 있어. 서점을 운영하는 것이 꿈이었을 만큼 나는 국어라는 과목을 좋아했지. 그런데 예상치 못하게 수학교육과를 졸업했어.

나를 잘 아는 지인들은 왜 국어가 아닌 수학을 선택했는지에 대해 궁금해 했어. 나는 수학을 잘하는 사람이 아니었고, 수학적 사고력이 뛰어난 사람도 아니었기 때문이야.

"그냥. 내가 수학을 잘하지 못해서 학생들이 수학을 어려워하지 않고 쉽게 이해할 수 있도록 잘 가르쳐 주고 싶었어."라고 대답하면서도 뭔가 개운한 느낌이 들지 않았어.

진로 상담을 하다 보면, 현실적으로 진학에 대한 부분을 이야기할 수밖에 없어. 전공 선택과 함께 대학을 정하는 것도 진학 문제의 중요한 요소이기 때문이야. 그런데 진로 상담 중에 간혹 다소 당황스러운 질문을 받기도 해.

"A대학과 B대학 중 어디가 더 좋아요?"

참 답변하기 곤란하고, 어떻게 이야기해야 할지 모르겠어. 점수에 맞춰서 대학을 진학하였을 때 나타나는 결과가 아닐까 생각해. 결국에는 만족스럽지 못해서 전공을 바꾸기 위해 전과를 시도하거나 아예 대학을 재입학하는 일이 생기기도 하거든.

자신이 좋아하는 취미에서 진로를 찾았을 때 아무래도 행복하겠지? 자유로움을 찾아 떠난 후배 이야기를 들려줄게.

그 후배는 사진기를 손에서 놓지 않던 친구였어. 졸업 후에는 파리로 떠났는데, 어떤 준비과정이 있었는지 궁금해서 내가 물었지. 놀랍게도 대답은 아무런 준비 없이 떠났다는 거야.

"어떤 일을 하러 간 거니?"

"그냥 에펠탑을 찍고 싶어서."

그 당시 내게는 꽤 충격적인 대답이 돌아왔어. 나중에 후배는 자신이 찍은 사진이 몽마르트 언덕에서 팔렸다는 이야기와 그 돈으로 바게트를 산 사진을 SNS에 올렸어. 그걸 보고선 후배가 참 행복하게 살고 있다는 생각이 들었지. 좋아하는 것을 찾다 보면 행복할 수 있고, 진로도 금방 찾을 수 있겠구나 싶었거든.

나는 식물들을 키우고 있어. 언제부터인가 '반려식물'이라는 신조어가 생겨났는데, 식물이 커가는 모습을 보며 성취감과 함께 행복을 느끼는 사람들이 많아져서 그런 듯해. 그러다 보니 어떤 식물을 키울까, 지금 키우는 식물을 어떻게 잘 키울 수 있을까 생각하며 자료 검색도 많이 하게 돼. 그때 우연히 온라인상에서 식물전문가로 불리는 분을 알게 되었어. 식물이 좋아 조경학과를 졸업하고, 꽃집을 운영하면서 온라인 판매도 병행한다는군. 요즘처럼 SNS가 활성화된 시대에 걸맞게 온라인으로 식물 소개도 하고, 키우는 방법에 대한 정보도 공유하니 구매자 입장에선 한 번

내가 좋아하는 일이 언젠가 잘하는 일이 될 수 있기를

더 그분의 SNS를 찾아가게 되는 거야. 실제로 얼굴도 모르는 관계에서도 이제 내가 비용만 지불하면 1:1 답변을 통해 궁금한 것들을 해결할 수 있는 세상이 된 거야.

공자는 『논어』에서 "아는 자는 좋아하는 자에 미치지 못하고, 좋아하는 자는 즐기는 자에 미치지 못한다."라고 했어.

좋아하는 일과 잘하는 일이란 질문에 대해 다시 고민해 보면 어떨까? 좋아하면서 잘하는 일을 할 수 있다면 가장 좋겠지. 하지만 하나를 택해야 한다면? 아마 정답은 누구도 알려 주지 않을 것이고, 아무도 알 수 없을 거야. 너희가 가지고 있는 가치관에 따라 정답은 달라질 테고, 지금은 언젠가 더 나은 선택과 결정을 하기 위해 기준을 세워야 할 때겠지.

자신만의 기준점을 찾을 수 있기를 응원해!

공간을 정리하며 나를 발견하라

'되는 것이 아무것도 없어요.'

'저는 왜 이렇게 운이 안 좋은 거죠?'

'공부에 집중도 잘 안 되고, 잘하는 것도 없는 것 같고, 뭘 선택해야 할지도 모르겠어요.'

이런 말들을 누가 제일 많이 했을까? 그건 바로 이렇게 글을 쓰고 있는 예전의 나야! 그리고 지금은 누구보다 이런 말을 가장 많이 듣고 있지. 인생이 참 신기하고 오묘한 것이, 세월은 흘러도 개인이 느끼는 감정은 예나 지금이나 꽤나 비슷하다는 거야.

가끔 세상의 중심이 본인이라는 착각 때문에 아이들이 이런 생각을 하는 건 아닐까 싶어. 우리는 늘 우리가 주인공으로 나오는 영화를 그리며 살아가고 있잖아. 하지만 우리는 인생의 주인공이 될 수 있듯 조연도 엑스트라도 될 수 있어. 내가 모든 것을 통제할 수 없는 인생이라는 시나리오 속에서 괴로워하며 항상 주인공의 역할만 붙들고 있기보다, 다양한 배역을 맡으며 유연하게 살아갈 수 있었으면 좋겠다.

그런데 한 가지 재밌는 사실은 이런 우리가 오로지 주인공으로만 살 수 있는 곳이 있다는 거야. 바로 나만의 '공간'이지. 그 공간이란 방이 될 수도 있고, 가방이나 다이어리나 휴대폰 속이 될 수도 있어. 나의 취향과 생각이 묻어나는 그 비밀스런 공간에서 나를 새롭게 발견해 봐. 다이어리에 계획이든 어떤 느낌이든 마음껏 쓰고, 나를 힘들게 하는 사람들은 휴대폰 속 한 폴더에다 몽땅 몰아버리고, 좋아하는 색감의 포스터를 방 곳곳에 붙여놓거나 자주 듣는 음악 리스트를 잘 보이는 곳에 써다 붙여 그곳을 지날 때마다 위로를 받는 등 공간의 주인공이 되어보는 거야.

미국에서 시작돼 우리나라로 건너온 '블루보틀'이라는 카페가 있어. 커피 맛이 아주 특별한 것도 아닌데 사람들이 그곳을 찾는 이유는 아마도 그곳에서 자신만의 작은 공간을 만들 수 있기 때문이 아닐까 생각해. 북적거리는 사람들 사이에서 나만의 느낌을 찾고, 자기 시간을 가지며, 내가 행복할 수 있는 공간을 만드는 거지.

넌 어떤 공간에 있을 때 가장 행복하니? 나는 글을 쓰기 전에 베이킹 소다를 넣고 삶은 새하얀 행주로 부엌을 깨끗이 닦아. 깨끗해진 부엌이 내 마음을 정화시켜주는 것 같아서 정말 좋거든. 정돈되고 깨끗한 부엌을 지켜보면서 평온해진 내 마음이 글쓰기를 더 잘할 수 있게 만들어 주더라고.

네가 사랑하는 공간에서 너를 발견하는 시간을 가져봐. 따사로운 햇빛이 드는 창가, 책이 가득 꽂혀 있는 서재, 아무도 없는 공터, 은은한 달빛이 드는 새벽의 골목…. 너를 기분 좋게 하는 물건과 공간 속에서 이전에 몰랐던 너를 찾을 수 있을 거야.

다시 이 글의 처음, 통제 불가능한 삶으로 힘들어 하고 있는 너의 상태로 돌아간다면, 나는 너에게 공간의 주인으로 살기 위해 지금 네가 발 디딘 그곳을 정리하는 것부터 시작하라고 조언해주고 싶어.

프랑스 수도원의 로렌스 형제는 세상의 삶에 만족하지 못해 수도원에 들어가게 되었고 그의 임무는 4년 동안 주방 일을 하는 것이었어. 처음에는 그 일에 만족할 수 없었지만, 하느님을 사랑하는 것에 집중할 것을 목적으로 그 수도원에 들어간 것을 떠올리고 맡은 일에 최선을 다했지. 주방을 정리하고 청소하며 마침내 삶에서 중대한 변화를 얻었고, 로렌스 형제는 그곳에서 하느님을 더 가까이할 수 있었다고 해.

부처의 제자인 주리반특은 사람들에게 바보 취급을 받았어. 도저히 참지 못했던 그는 수련을 그만해야겠다고 다짐한 후 부처를 찾아갔는데, 부처는 이렇게 말하지.

"빗자루를 들고 먼지를 털고 때를 벗겨라."

사람들은 날마다 열심히 일을 하는 주리반특을 보며 어느새 마음으로 깊이 존경하게 되었지. 그리고 그 역시 사람 속에 있는 더러운 먼지를 털고 때를 벗겨야 한다는 진리를 깨닫고는 아라한의 경지에 이를 수 있었다고 해.

군더더기를 정리하고 생각의 먼지를 떨어버리고, 네가 있는 공간을 사랑하고 가꾸어봐. 무언가 풀리지 않는 마음의 응어리들이 있거나 무엇을 해야 할지 알 수 없을 때 환경의 변화가 너에게 카

타르시스라는 쾌감을 줄 거야. 그리고 그 작은 통제력으로 시작
해 세상을 살아갈 힘을 얻을 수 있어. 비록 세상의 영원한 주인공
은 될 수 없지만, 너의 공간에서만큼은 주인으로 살아갈 수 있었
으면 좋겠어. 너의 삶을 응원할게!

내가 머무는 공간의 주인은 물건이 아니라 나

잠재성을 끌어내는 법

"남들과 차별된 너만의 잠재성이 있니?"

누군가 이렇게 물어본다면 대답하기 참 어려울 거야. 하지만 그렇게 물어본 사람에게 반문한다면, 그 사람조차도 대답하길 머뭇거릴지도 몰라. 그 누구도 쉽게 답할 수 없는 어려운 질문이거든.

그래서 난 너희가 잠재성을 찾기 위해 지나치게 노력하지 않았으면 좋겠어. 어딘가에 묻혀있는 보물을 발견하려고 온종일 수풀을 뒤지는 건 재밌는 일임과 동시에 분명 힘든 일이야. 처음엔 놀이로 시작한 보물찾기가 끝내 아무것도 발견하지 못한 너를 더 위축되게 만들 수도 있어. 그러니 차라리 과정을 즐겼으면 좋겠어. 운이 좋으면 보물을 찾을 수도 있고, 찾지 못하더라도 재밌는 모험을 했다고 생각하는 것 말이야.

목표는 높고 달성하기 어려워 보일 수 있지. 그래서 난 대입을 준비하는 학생들에게 항상 이렇게 이야기하곤 해.
"얘들아. 인생에는 늘 B플랜이 있어. 지금 너에게 아무것도 없다고 해서 좌절하지 마. 우리에게는 다른 길이 있는 게 아니라, 다른 길을 생각해낼 수 있는 머리가 있다고."

기억에 남는 학생이 있어. 뚜렷한 꿈이 없어 진로를 고민하던 그 친구는 우연히 요리에 관심이 있다는 얘기를 했는데, 그러다 마침 요리 잡지를 보게 되었어. 수학 공식 하나를 외우는 데도 한 달이 넘게 걸리던 아이가 그보다 몇 줄이나 훨씬 더 긴 요리 레시피를 한 번 읽었을 뿐인데 달달 외우는 놀라운 광경을 보게 되었지. 지금은 쉐프의 꿈을 키워나가고 있다고 하더라.
그 친구와 함께 요리 잡지를 뒤적이고 같이 미래를 이야기하면서 자신의 잠재성은 바로 이렇게 찾는 거구나 하고 깨달을 수 있었어. 억지로 찾으려면 찾을 수 없었던 것들이 기다렸다는 듯 자기를 찾아와주는 경험은 우리가 그저 주어진 삶을 의미 있게 살다보면 겪을 수 있어.

〈Unlock〉이라는 책을 보면 우리의 뇌는 고정되어 있지 않다고 해. 이것을 '신경가소성'이라고 불러. 우리의 뇌를 촬영해 보면, 문제를 잘 풀 때보다 오히려 잘 되지 않고 어떤 것에 실패했을 때 뇌가 더 활성화된다고 해. 실패를 계속 하다 보면 우리의 뇌는 더욱 불가능한 것에 가까이 갈 수 있는 잠재력을 발휘하게 되겠지. 열심히 살지 않는 이유가 물론 게을러서 그런 것도 있겠지만 사실 실패할까 봐, 또 그것으로 마음이 다칠까 봐 두려운 마음이 들어서일 때가 가끔 있어. 그런데 실패할수록 우리는 더 좋아진다니, 참 귀한 발견이다 싶지 않니?

너의 잠재성이 뭐든지 간에, 그 잠재성을 찾아내는 것에 너무 얽매이진 말았으면 좋겠어. 너는 뭐든지 시도할 수 있고 뭐든지 이뤄낼 수 있는 시간과 열정도 있잖아. 여러 가지 일들에 부딪히다 언젠가 분명해지는 것이 있으면 '드디어 찾았다!'라고 외칠 수 있겠지. 보물찾기를 하는 과정 속에서 좌절보다 성장의 기쁨과 재미를 더 누릴 수 있었으면 좋겠다.

진지함과 '투머치'

쉐프들이 시식용으로 요리를 내놓고 가장 기분이 좋을 때가 손님이 한 숟가락을 더 먹을 때라고 해. 교사로서도 가장 보람을 느낄 때는 모든 수업을 다 마쳐서 이제는 더 이상 과제를 하지 않아도 될 때, 아이들이 자신만의 활동을 이어나가는 것을 찾을 때야.

한때 '투머치'라는 말이 유행했어. 국민 스포츠 영웅 박찬호 선수는 설명을 많이 하는 습관이 있는데, 그 모습을 '투머치토커'라는 별명으로 재미있게 표현한 데서 온 말이지. 그의 삶의 태도는 늘 진지해. 그래서 허비하지 않는 인생을 살기 위해 어떤 일이든 투머치할 수 있는 거지.

진지함과 투머치는 이렇게 같은 선상에 나란히 놓여 있어. 가끔 학생들과 함께 활동을 하다 보면 자기 인생에 진지함을 가지고 이런 투머치의 삶을 살아내는 녀석들이 있어. 학기를 마치고 마지막 인사를 했는데도 시를 한 편 써와 어떠냐고 봐달라고 하는 녀석. 방학 동안 읽을 책을 몇 권 추천해달라고 하는 녀석, 좀 더 창의적인 삶을 살고 싶은데 어떤 길들이 있는지 알려달라는 녀석, 에세이를 하나를 써 오랬더니 소논문 수준의 글을 써오는 녀석….

누군가는 과하다고 치부할 수 있는 것들이지만, 그들에겐 진지한 삶의 태도를 보인 결과물이야. 너는 어떤 투머치를 하고 있니? 한번 생각해 봤으면 좋겠어.

사람은 사랑한 만큼 산다

저 향기로운 꽃들을 사랑한 만큼 산다

저 아름다운 목소리의 새들을 사랑한 만큼 산다

숲을 온통 싱그러움으로 만드는 나무들을 사랑한 만큼

산다

사람은 사랑한 만큼 산다

이글거리는 붉은 태양을 사랑한 만큼 산다

외로움에 젖은 낮달을 사랑한 만큼 산다

밤하늘의 별들을 사랑한 만큼 산다

사람은 사람을 사랑한 만큼 산다

홀로 저문 길을 아스라이 걸어가는

봄, 여름, 가을, 겨울의 나그네를 사랑한 만큼 산다

예기치 않은 운명에 몸부림치는 생애를 사랑한 만큼 산다

사람은 그 무언가를 사랑한 부피와 넓이와 깊이만큼 산다

그만큼이 인생이다

—박용재, 「사람은 사랑한 만큼 산다」

위 시에서 시적화자는 사람은 사랑한 만큼 산다고 말을 해. 그리고 그만큼이 인생이라고 하지. 인생이라고 하는 것이 워낙 복잡하고 넓고도 크기 때문에 어떻게 살아야 할지 모르는 것은 매우 당연해. 하지만 내가 사랑하는 대상을 위해 사는 것이 가장 의미 있는 삶이라는 것만큼은 확실히 알 수 있어.

삶을 진지하게 고민해 보면 결국 '난 무엇을 사랑하는가'로 귀결될 수 있지. 그리고 어떻게 사랑할 것인가를 생각하다 보면 투머치하게 살아가고 있는 나를 발견할 수 있을 거야.

내가 사랑하는 것들을 찾는 시간

그리고 어떤 대상을 사랑하기 이전에 너 자신을 먼저 사랑하는 것도 잊지 않았으면 좋겠어. 성적이든 성격이든 네가 가진 무언가와 상관없이 말이야. 사실 이게 가장 중요해. 자신을 사랑해야만, 사람이든 공부든 주어진 환경을 사랑할 마음이 생기거든.

박용재 시인은 '사람은 그 무언가를 사랑한 부피와 넓이와 깊이만큼 산다'라고 했잖아.

그 사랑의 시작이 너이기를

그리고 네가 사랑하는 것을 찾기를

네가 사랑하는 사람을 만나기를

너의 인생을 사랑하고 후회 없이 살아가기를

진심으로 바랄게.

쓸모없는 지식은 없다

근래 자주 쓰이는 '융합'이라는 말을 들어 본 적 있을 거야. 여러 가지가 어울려 하나로 합쳐지는 과정인데, 물리학에서 주로 사용되는 용어야. 그리고 물리학의 출발점인 수학에서는 융합의 결과를 일으키는 방법을 조합과 순열로 표현하기도 해.

직업의 세계가 갈수록 세분화하고 전문화됨에 따라 새로운 융합형 직업이 생길 수 있을 거야. 예를 들면, 신선하고 건강한 음식을 공급받기 위해 선호하는 과수원과 농장에 직접 주문하여 생산하는 트렌드가 요리사와 결합하여 '요리사 농부'라는 직업이 생기는 거지.

학교 선생님께 문·이과 통합 교육 정책에 관한 이야기를 은연중에 들었을 거야. 그리고 애플의 CEO였던 스티브 잡스는 "과학 기술과 인문학의 결합"이란 유명한 말을 남기기도 했어.

문과와 이과로 양분되는 현상을 없애고, 수학이 싫어 문과로 진학하는 기피 현상을 줄이는 방법의 하나로 문·이과 통합 정책이 생겨났어. 중학생에게는 자유학년제(자유학기제), 고등학생에게는 고교학점제가 생기면서 진로 선택권이 더 넓어지고 있어.

특히 고교학점제는 2025년에 전면 실시될 예정인데, 진로가 설정된 학생과 그렇지 않은 학생의 차이가 더욱 드러날 수밖에 없을 거야. 입시에만 초점을 맞춘 획일화된 교육과정에서 벗어나 학생의 관심에 따른 다양한 선택지가 있는 제도니까. 즉, 고등학교에서의 공부는 대학 진학만을 위한 수단이 아니라 연계성을 가지게 된 것이기 때문에, 진로를 이루기 위해 어떤 과목을 더 들을지를 고민해 보면 좋을 듯해.

대학교 수업이 어떻게 이루어지는지는 들어 봤을 거야. 전공 외에 듣고 싶은 수업을 선택해서 들을 수 있는데, 난 비싼 등록금이 아까워서 여러 전공 수업을 들었던 기억이 나. 그러던 중 경영학 수업을 들었고, 그때 SWOT 분석에 대해 알게 되었어. SWOT 분석은 스탠퍼드 대학의 앨버트 험프리Albert Humphrey 박사가 500대 기업들을 연구하면서 얻은 결과인데, 강점Strength, 약점Weakness, 기회Opportunity, 위협Threat의 각 앞 글자를 따서 SWOT라는 단어로 만든 거야.

풀어서 이야기하면, 자신의 강점과 약점을 발견하고, 자신을 둘러싼 외부 환경을 분석하여 기회와 위협을 찾아낸 후, 강점은 살리고, 약점은 보완하며, 기회는 활용하고 위협은 회피하는 경영학의 마케팅 전략 방법이야. 이러한 방법은 진로를 설정하는 데도 유용하게 쓰일 수 있는데, 표를 그려서 한번 생각해 봤으면 좋겠어.

상대성이론의 아인슈타인은 다음과 같은 유명한 말을 남겼어.

"상상력이 지식보다 중요하다. 지식은 우리가 지금 알고 이해하는 모든 것에 한정되어 있지만, 상상력은 온 세상을 포용하며 그 모든 것은 우리가 앞으로 알고 이해하는 무언가가 될 것이다."

대학에서 근무하다 보면, 학과의 통폐합이 종종 일어나. 학생들의 지원이 적은 학과나, 학과를 졸업한 후에도 사회적으로 큰 수요가 없다고 생각되는 전공들이 다른 학과와 합쳐지는 경우야. 하지만 어떤 전공이든 쓸모없는 것은 없다고 생각해. 왜냐하면 종합적으로 사고하기 위해서는 모두 필요하기 때문이야.

그리고 대학에서도 다양한 학문을 전공한 사람들이 모여 공부할 수 있도록 융합대학원, 기술경영대학원 등이 등장하고 있어. 이런 걸 살펴보면, 점차 전공이나 학문 간의 경계가 크게 의미가 없어질 가능성이 있지.

가끔 '나비효과' 이야기가 떠올라. MIT 대학의 기상학과 로렌츠 교수는 바람의 경로를 그래프로 그리기 위해 기온과 기압에 관한 방정식 등 12개 방정식을 프로그래밍한 적이 있어. 결과를 관찰하던 중, 그만 소수점 여섯째 자리 자료를 셋째 자리까지만 입력한 거야. 1000분의 1 정도밖에 차이가 안 나지만 반복 계산을 하는 과정에서 오차가 점차 불어나 바람의 방향이 걷잡을 수 없이 바뀐다는 이야기야.

사실 과거에는 현재의 나를 예측할 수 없었어. 하지만 운 좋게도 앞으로의 진로에 도움이 되는 공부를 나도 모르게 하고 있었을 수 있겠지. 중요한 선택의 상황이 닥치면 '이 선택이 지금 하는 일과 어떻게 융합될까?' 하는 생각을 종종 해.

물론 정확한 목적지를 두고 나아간다면 자신에게 무엇이 필요한지 분명하게 알 수 있을 거야. 하지만 대략적인 방향을 설정하는 것 또한 도움이 될 수 있어. 왜냐하면 둘러가더라도 비슷한 곳에 도착할 테니까 말이야.

지금 네가 하는 모든 것이 하나의 의미가 있을 테니 현재에 최선을 다하면 좋겠어!

3장

모든 것을
그만두고 싶을 때

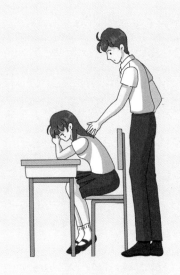

컴컴한 터널 같은 시간

"야, 너 눈 감아봐. 뭐가 보이냐?"

"아무것도 보이지 않습니다."

"그게 네 남은 군 생활이다."

군 복무 때 신병을 놀리기 위해 선임들이 자주 하는 농담이야. 한 동기는 이 말을 너무나도 싫어했는데, 후임이 들어오니 자신도 같은 농담을 하고 있더라고. 나도 그 이야기를 듣고 심장이 쿵 하는 경험을 했었지.

한창 계획했던 일이 틀어지면서 어두컴컴해진 나의 미래를 고민하던 무렵 교생 실습 때 만난 내 인생의 첫 제자가 나에게 대학을 졸업했냐고 물으면서 부럽다는 듯 말했어.

"선생님은 좋겠어요. 이제 공부 안 해도 되잖아요."

대학을 졸업하고 취업하면 더는 공부를 안 해도 된다고 생각했나 봐. 그런데 나는 아직도 공부하고 있어. 이젠 평생학습의 시대니까 말이야.

2016년 세계경제포럼WEF에서 발표된 '일자리의 미래 보고서'에서는 앞으로 일어날 많은 일자리의 변화를 예고하고 있어. 지금의 초등학생들이 성인이 되면 현재 존재하지 않는 새로운 직업을 얻게 된다고 해. 총 710만 개의 일자리가 소멸하고 새롭게 210만 개의 일자리가 만들어진다는군.

한국고용정보원에서 펴낸 기술 변화에 따른 일자리 영향 연구 보고서에서도 2025년까지 인공지능AI과 로봇의 발달로 일자리를 위협받을 사람이 약 1,800만 명에 달할 것으로 추정했어.

세상이 어떻게 변할지 궁금하면서도 두려워져. 호주의 세인트 피터스 여학교 유치원에서는 인공지능 교사가 아이들에게 알파벳, 숫자 같은 지식 교육은 물론이고, 노래와 그림 교육 등을 하고(중앙일보 2018.10.3), 미국 캔자스주 우치토의 중고등학교에서는 카네기멜런 대학에서 개발한 인공지능 교사가 수학을 가르치기도(이코노미조선 248호 2018. 4. 30) 해.

한 번도 상상해 보지 않았던 일이 실제로 일어나고 있어. 어쩌면 너희들이 대학을 졸업할 때쯤에는 더 다양한 분야에서 이런 현상이 생기겠지. 한 치 앞도 예측하기 힘든 미래를 보며 너희들은 더 많은 고민과 두려움 앞에 설 거라 생각해. 답답한 현재 상황에 눈앞이 캄캄할 때도 있을 거야. 무언가 어두운 터널을 지나는 듯한 시간을 경험할 때가 올지도 모르지.

캄캄한 터널 속에 있다고 생각될 때 기억했으면 하는 이야기가 있어. 생텍쥐페리의 『어린 왕자』에 나오는 유명한 이야기야.

"가장 중요한 건 눈에 보이지 않는다."

진로는 우리에게 중요한 문제이기에 더 눈에 보이지 않는 건 아닐까? 심연에 숨겨진 보물이 자신을 찾아 주길 바라듯이 우리가 열심히 탐색해야 찾을 수 있는 거야.

또 어릴 적 봤던 〈빨강머리 앤〉에는 이런 대사가 나와.

"이 길모퉁이를 돌면 무엇이 있을지 알 수 없지만 전 가장 좋은 게 있다고 믿을래요!"

우리가 지나고 있는 컴컴한 터널도 이와 같지 않을까? 가만히 서 있기보단 한 걸음이라도 앞으로 나아가는 게 낫다는 걸 기억했으면 좋겠어. 그리고 그게 설령 원하던 방향이 아니더라도, 샛길이라도 좋으니 일단 가보는 거야.

내가 젊었을 때 자주 읽던 시가 있어. 프로스트의 「가지 않은 길」인데, 대략적인 내용은 단풍 든 숲속에 두 갈래의 길이 있다는 거야. 화자는 두 갈래의 길 중 한 갈래의 길만 가게 된 아쉬움을 이야기해. 사람이 적게 다닌 길을 선택하는 바람에 자신의 운명이 바뀌었다는 내용인데, 시간을 내어 이 시를 음미해 보면 어떨까?

노란 숲속에 길이 두 갈래로 났었습니다.
나는 두 길을 다 가지 못하는 것을 안타깝게 생각하면서,
오랫동안 서서 한길이 굽어 꺾여 내려간 데까지,
바라다볼 수 있는 데까지 멀리 바라다보았습니다.

그리고 똑같이 아름다운 다른 길을 택했습니다.
그 길에는 풀이 더 있고 사람이 걸은 자취가 적어,
아마 더 걸어야 될 길이라고 나는 생각했었던 게지요.

그 길을 걸으므로, 그 길도 거의 같아질 것이지만.

그날 아침 두 길에는

낙엽을 밟은 자취는 없었습니다.

아, 나는 다음날을 위하여 한 길은 남겨두었습니다.

길은 길에 연하여 끝없으므로

내가 다시 돌아올 것을 의심하면서....

훗날에 훗날에 나는 어디선가

한숨을 쉬며 이야기할 것입니다.

숲속에 두 갈래 길이 있었다고,

나는 사람이 적게 간 길을 택하였다고,

그리고 그것 때문에 모든 것이 달라졌다고.

－프로스트(피천득 옮김), 「가지 않은 길」

길모퉁이를 돌면
가장 좋은 것이 있어

인생의 수비라인을 올리는 일

항상 나를 찾아와 같이 축구를 하자고 조르는 제자가 있어. 남학생 수가 부족하다 보니 축구 시간만 되면 나를 찾아오는 거야. 마지못해 따라나서면 마치 그동안 교실에서 당한 것을 복수라도 하듯, 자기는 볼을 배급하거나 센터백을 맡지만 내게는 그다지 중요한 역할을 주지는 않았지. 수업 시간에 늘 졸거나 숙제를 해 오지 않던 녀석이었는데, 축구에는 이다지도 열정적이라니.

생각보다 축구가 괜찮은 운동이라는 생각이 들더라. 그리고 한참 같이 축구를 하던 어느 날, 녀석에게 난 이렇게 말했어.

"수비라인이 너무 내려와 있는 거 아니냐?"

머리도 체력도 좋은 녀석이 강한 상대방의 눈치를 보며 골을 먹히지 않겠다는 심산으로 경기를 뛰는 게 눈에 보였거든. 사실 그 정도로 상대방이 강한 것도, 녀석의 역량이 달리는 것도 아니었어. 단지 마음의 문제였지.

물론 이건 그 녀석의 삶의 태도를 지적한 문제이기도 했어. 수비라인을 중앙선까지 올리는 건 축구에서만 필요한 일이 아니니까. 그리고 난 한 가지를 더 주문했지.

"골을 넣으려면 'Goal'이 있어야지."

영어에 약한 제자는 그건 또 무슨 말이냐며 눈을 동그랗게 뜨고 쳐다보는 거야. 하고자 하는 일의 목표가 있어야 하지 않겠냐

는 말이었지.

일을 이루는 방법은 아직 알 수 없어도 목표만큼은 알자. 녀석은 내 말의 의미를 이해하곤, 수비라인을 자연스럽게 올리는 것 정도는 할 수 있다며 곧 표정이 밝아졌어.

가상의 목표는 누구라도 정해 볼 수 있지 않을까? 그리고 '수비라인을 올리는 것' 정도의 가벼운 목표로 시작해 보는 거야. 하나둘씩 해내다 보면 골을 넣을 수 있을 거라고.

어쩌면 너도 그 제자처럼 지금 수비라인을 한껏 내려 잡은 것인지도 몰라. 왜 이렇게 방어적인 자세로 수비에 치중하고 있는지 생각해 봐. 사회나 경쟁, 성적이나 평가 때문에 자신감을 잃은 결과일 수 있어. 세상이 요구하는 기준에 미달된다고 스스로 인정하고 공격 자체를 포기한 것일지도 모르지. 하지만 수비를 잘해서 골을 주지 않겠다는 마음은 너를 조마조마하게 해. 오히려 한 골 넣어보겠다는 공격적인 자세는 인생의 경기를 더 신나게 한다는 걸 기억했으면 좋겠어.

아무것도 할 수 없다는 말을 듣더라도

어릴 적 나는 드라마 여주인공의 직업에 따라 꿈이 달라졌어. 방송국을 배경으로 하고 있는 〈이브의 모든 것〉이라는 드라마가 유행할 때 나의 꿈은 아나운서였고, 학교를 배경으로 하고 있는 〈로망스〉가 한창 뜰 때는 선생님이 되고 싶었지. 〈커피프린스 1호점〉이라는 드라마를 보고는 카페에서 일하는 주인공을 따라 바리스타가 되는 게 꿈이었어.

그러던 어느 날 중학생이던 내가 엄마에게 물었어.

"엄마, 엄마는 내가 뭘 했으면 좋겠노?"

"나는 이렇게 촌구석에 갇혀서 사는 게 억쓰로 답답해서 니는 세계로 훨훨 날아다니는 사람이 되면 좋겠다."

　이제껏 드라마를 보며 하고 싶은 걸 찾던 내가 당시 엄마의 말을 듣고는 '세계로 훨훨'이라는 단어에 왜 그렇게 꽂혔나 몰라. 모든 선택의 순간이 올 때마다 '세계로 훨훨'이 판단의 기준이 되었지. 세계적으로 유명한 사람이 되겠다는 꿈을 꿀 수도 있었을 텐데, 그때 나는 세계로 돌아다니는 일을 해야겠다는 야무진 생각을 했어.

　곰곰이 생각해 보다가, 내 꿈이 실현되려면 외국어를 잘해야 한다는 판단이 생겼는지, 갑자기 영어 공부를 해야겠다고 다짐했어. 하지만 어떻게 해야 좋을지는 몰랐던 탓에, 마치 암기과목처럼 교과서를 달달 외우는 것 말고는 방법이 떠오르지 않더라고.

　그걸 보던 중학교 선생님은 지금도 잊지 못할 말씀을 그때의 나에게 툭 내뱉으셨어. 내가 영어에 대한 감각이 없으니, 앞으로 영어와 관련된 일은 절대 할 수 없을 거라고 말이야.

　뭔가 가슴을 훅 치는 느낌이었어. 눈에는 눈물도 고이고, 화가 치솟기도 하고, 그 선생님을 미워하기도 했어. 내 꿈이 짓밟힌 느낌이었거든. 그 이후론 도통 자신감이 없어져서 점점 영어를 멀리하기 시작했고, 고3이 될 때까지도 그렇게 잘하지 못했지.

얘들아, 혹시 너희 주변에도 이렇게 막말을 하는 어른이 있니? 그럴 수 있어. 어른이라고 모두가 성숙한 건 아니고, 상대방을 미처 생각하지 못하고 가볍게 이야기를 꺼내는 사람들은 어디든 있으니까.

중요한 건, 내가 결국 영어와 관련된 일을 하게 되었다는 사실이야. 분야가 무엇이든 꼭 세계무대로 진출해야겠다는 생각을 하다 보니, 정말 외국에서 활동할 수 있는 시간과 기회가 나에게 오더라. 어린 날 엄마가 말했던 '세계로 훨훨'이 실현되었고, 나는 여전히 그 말에 가슴 두근거리며 살고 있어.

누군가에게 "넌 할 수 없어", "넌 그 일과 어울리지 않아"라는 말을 듣더라도 괜찮아. 지나가는 말에 흔들리지 말고, 너만의 길을 갔으면 좋겠어.

내 삶은 때론 불행했고
때론 행복했습니다.
삶이 한낱 꿈에 불과하다지만
그럼에도 살아서 좋았습니다.

새벽에 쨍한 차가운 공기

꽃이 피기 전 부는 달콤한 바람

해 질 무렵 우러나는 노을의 냄새...

어느 하루 눈부시지 않은 날이 없었습니다.

지금 삶이 힘든 당신 이 세상에 태어난 이상,

당신은 이 모든 걸 매일 누릴 자격이 있습니다.

대단하지 않은 하루가 지나고, 또 별거 아닌 하루가 온다 해도,

인생은 살 가치가 있습니다.

후회만 가득한 과거와 불안하기만 한 미래 때문에

지금을 망치지 마세요.

오늘을 살아가세요. 눈이 부시게. 당신은 그럴 자격이 있습니다.

−드라마 <눈이 부시게> 중에서

열정이 사그라들 때

 '브이로그 잡학사전'이라는 괴상한 수업을 열었던 적이 있어. 특이한 취향을 가진 한 녀석이 내 수업을 선택하더라고. 아무도 선택하지 않으면 자연스레 폐강될 뻔한 수업이었는데, 그 녀석 덕분에(?) 내 수업이 사라지지 않았고 다른 아이들도 함께할 수 있었지. 각자 자신만의 연구주제를 정해 유튜브 방송으로 토론을 하는 방식이었는데, 녀석은 종교나 정치 등 수준 높은 발표를 곧잘 해냈어.

 한번은 그 녀석과 함께 연극 활동을 한 적도 있었어. 안톤 체호프의 '청혼'에서 '나탈리아' 연기를 멋지게 해내는 모습을 보니 오히려 내가 더 어리둥절해지더라. 자기가 해보고 싶은 일들을 망설이지 않고 즐겁게 하는 모습이 참 보기 좋더라고.

그랬던 녀석이 며칠은 혈색 없이 지내는 거야. 걱정되는 마음에 무슨 일인지 물어보려고 그 녀석을 불렀는데, 내 뒤를 조용히 따라오더니 갑자기 눈물이 날 것 같다며 떨리는 목소리로 말했어. 녀석이 좋아하는 짬뽕을 한 그릇 사주며 나는 이야기를 시작했지. 예전의 열정 충만하던 모습들이 온데간데없고 풀죽어 있는 모습이 웬 말이냐고.

"혹시, 생에 대한 사랑이 사그라든 건 아니고?"

내 질문에 녀석은 아마도 그런 것 같다고 수긍을 하더군.

나는 사람 사이에만 사랑이 이루어진다고 생각하지 않아. 무슨 일이든 사람들은 먼저 사랑에 빠지기 마련이지. 그러다 시간이 지나면 현실을 보게 되고, 불합리한 것들이 눈에 들어오는 순간이 있어. 어느 샌가 열정은 사라지고 그때부터는 자기방어를 하기 시작해. 점점 사랑이 끝나간다는 걸 깨닫는 과정인 거야.

샬롯 브론테의 소설 「제인에어」에는 이렇게 말하는 부분이 나와.

"내가 나를 사랑해 주리라, 외롭고 친구도 없고 부양해 줄 사람이 없다 해도 그럴수록 나 자신을 존중해 주리라."

고아로 자란 제인에어는 한 번도 제대로 된 사랑을 받아 본 적이 없는 가난한 여성이었어. 그러다 어느 날 부유한 집의 가정교사로 들어가면서 대저택의 주인인 로체스터로부터 사랑을 받고 끝내 결혼을 약속해. 그런데 알고 보니 그에게는 정신병을 앓고 있는 부인이 있었던 거야. 제인에어는 그때 이런 고백을 자신에게 했던 거지.

지금의 삶과 나 자신을 스스로 사랑하는 일은 정말 어려운 일이야. 모든 것이 충만하고 좋았을 때가 아닌, 그 어느 것도 나를 이끌어갈 수 없을 때야 말로 자기 자신을 진정으로 사랑할 때야. 삶의 회환과 부정적인 생각들이 온통 너를 채울 때, 너의 인생을 조금 더 사랑할 수 있기를 진심으로 응원해.

롤러코스터와 회전목마

우리 인생을 놀이 공원의 롤러코스터와 회전목마에 비유해 본다면, 너희는 둘 중 어떤 삶을 살고 싶니? 각자 생각하는 대답은 다르겠지만, 사실 우린 모두 그 둘 사이를 왔다 갔다 하며 살고 있어.

지금 너희의 인생이 지루하게 느껴지고 반복되는 것 같아 보여도, 언젠가 롤러코스터의 꼭대기에 오르고 정신없이 도는 날이 올 거야. 반대로 지금 가파른 길을 빠른 속도로 내지르듯 달리고 있는 중이라 하더라도, 나중에는 회전목마를 탄 것처럼 끝없이 똑같은 속도로 나아가는 삶을 살 수도 있겠지.

'Do a Bradbury.'라는 재밌는 말이 있어. 다른 사람들의 실수로 인해 뜻밖의 횡재를 한다는 뜻인데, 호주의 실제 인물인 스티븐 브래드버리Steven Bradbury의 삶을 바탕으로 만들어진 말이야.

2002년 미국에서 개최한 솔트레이크 동계올림픽에서 우리는 모두 김동성 선수를 기억하지만, 전 세계는 당시 스티븐 브래드버리 선수의 놀라운 행운에 집중했어.

브래드버리는 29세의 노장으로 쇼트트랙 경기에 출전했기 때문에 누구도 그의 성적을 기대하지 않는 상황이었어. 그런데 그에게 세 번의 행운이 한꺼번에 찾아온 거야.

일단 준준결승전에서는 네 번의 세계선수권을 제패했던 마크 가뇽이라는 쟁쟁한 선수가 실수로 실격되는 바람에 브래드버리가 준결승에 진출했어. 그리고 준결승전에서는 리자준 선수가 다른 선수들을 넘어뜨리면서, 얼떨결에 브래드버리가 그 조의 1위로 결승에 진출하게 되었지. 결승전에 올랐을 때 역시 리자준 선수의 계속된 반칙으로 앞서 달려가던 실력 있는 선수들이 모두 넘어졌고, 혼자 넘어지지 않았던 브래드버리는 여유 있게 결승선을 통과하며 우승을 했어.

모두가 난리였지. 자국에서조차 '펠리칸이 물어다 준 우승'이라며 말하기도 했는데, 브래드버리는 이렇게 이야기했어.

"이 금메달은 이번 경기를 이겨서 딴 것이 아니라, 지난 10년간 최선을 다한 저에게 주어진 상이라고 생각합니다."

이 인터뷰를 시작으로 그의 힘들었던 10년의 불운이 재조명되었어. 그는 한때 월드컵 예선에서 넘어져 100바늘 이상이나 허벅지를 꿰매는 부상을 얻었고, 1998년 나가노 올림픽에서는 전 종목 예선 탈락을 맛보았어. 2002년 동계올림픽을 앞두고는 목뼈까지 부상을 당해 선수 생명이 끝났다는 진단을 받기도 해.

그 모든 상황들이 계속될 것만 같은 삶의 지겨움과 느릿느릿 흘러가는 시간의 답답함 속에서 그는 어떤 심정으로 하루하루를 살았을까?

하지만 우리 인생에는 언젠가 한번쯤은 롤러코스터 같은 순간들이 찾아와. 그때가 언제가 될지는 아무도 알 수 없으니, 다만 지금은 마음의 준비를 하며 살아갈 뿐이야.

"Do a Bradbury."

인생의 속도는 중요하지 않다고 생각해. 어떤 시간 속에 살아가든, 늘 다음번에 찾아올 행운을 놓치지 않도록 지금 순간에 최선을 다하며 살길 바랄게. 롤러코스터가 됐든 회전목마가 됐든, 놀이공원에서의 시간이 즐겁기를 응원한다.

인생의 회전목마를 타고

아주 작은 도전의 힘

내 인생에서 결코 잊지 못할 두 가지 순간이 있어. 그 중 하나는 대학을 다니면서 처음으로 영상편집을 해 본 것이고, 또 하나는 내 인생 처음으로 영화를 제작해 본 일이야.

유명한 CF 감독이었던 교수님은 영상실습 수업 시간에 과제 하나를 내주셨어. 남들에겐 어떨지 모르겠지만 나에겐 영상기술을 하나도 모르는 상태에서 스스로 편집기술을 터득해야 하는, 아주 모험적인 일이었지.

기계치였던 난 선배들을 찾아가고, 여러 날 밤을 새며 작업을 할 수밖에 없었어. 그리고 발표하는 날에는 유치원생처럼 떨었어. 그런데 교수님은 발표가 끝나고 이렇게 말씀해 주셨어.

"나는 이 학생이 편집 툴을 하나도 모르고 있었던 유일한 학생인 걸로 아는데, 이런 영상을 만들어 내다니, 진짜 무서운 학생이네요. 나중에 분명히 여성 CEO가 될 수 있을 겁니다."

이후 나는 개발도상국에 관심이 생겨 도시계획으로 전공을 바꾸었어. 그리고 유엔협회에서 주최한 세미나에 한국 청년 대표로 참가할 기회가 생겨 인도 뭄바이에 가게 되었지.

지속가능한 개발과 관련된 영화를 제작해야 하는 미션을 수행해야 했는데, 하필 그때 팀에서 영상편집을 할 수 있는 사람이 나밖에 없어서 졸지에 영상편집장이 된 거야.

난관은 많았지만 결과는 좋았고, 난 그 기회로 유엔협회세계연맹World Federation of United Nation Association에서 아시아 최초로 청년 대표가 되어 활동할 수 있었지.

학생들을 만나면 이 경험을 꼭 이야기해 주고 있어. 난 그냥 작은 일에 도전했을 뿐인데, 그것이 훗날 내 인생을 바꿀 기회가 되었다고 말이야.

너에게도 혹시 도전의 기회가 온다면, 그 기회를 얼른 잡아. 네가 못하거나 자신 없는 것, 해 보지 않았던 것이나 하기 싫어서 거부했던 것들이 당혹스럽게도 기회라는 이름으로 너에게 찾아왔다고 해도 괜찮아. 기회는 '난 할 수 없어.'라는 너의 대답을 기다리고 있다가, 네가 도망치거나 뒤로 물러설 때 다른 사람에게 찾아갈 작정을 하고 있어.

결국 작은 일은 큰 일이 돼. 지금 하는 작은 도전은 나중에 큰 도전이 될 거야. 인생에 정말 버릴 건 하나도 없더라. 그러니까 뭐든 했으면 좋겠어. 앞으로 끝도 없이 펼쳐질 너의 미래에 지금의 도전들이 모여 기회가 될 수 있기를!

'이미 늦은' 건 없어

초등학생 때는 으레 장래 희망을 발표해 보는 시간이 있었잖아. "저는 대통령이 될 거예요.", "전 과학자 할 거예요." 다들 손을 번쩍 들고서 말이야.

지금은 어때? 여전히 그때 되고 싶었던 것들을 기억하며 공부를 하고 있는 친구들도 있겠지만, '꿈이 없다'고 이야기하는 친구들도 참 많을 거야.

이제 와서 생각해 보면 나도 당시에는 하고 싶은 것도, 되고 싶은 것도, 장점도 딱히 없었던 것 같아. 성인이 된 이후에도 열심히 살려고 노력은 했지만, 뭔가 나에게 맞지 않는 옷을 계속 입고 있는 듯 불편한 느낌이 늘 나를 따라다녔지. 그러다 문득 한 선배가 나에게 이렇게 말했어.

"너랑 이야기하고 있으면 참 편해."

그 얘기 덕분에 난 상담과 관련 있는 일들을 할 수 있었어.

내가 만약 중학생으로 돌아간다면 처음부터 심리학과 교육학을 배우기 위해 공부를 했을 것 같아. 학과를 선택하는 등 진로를 결정할 때도 마찬가지일 테고. 누군가는 내가 뒤늦게 미래를 고민하기 시작했으니, 남들에 비하면 돌아간 셈이라 생각할지도 몰라.

하지만 인생에 '이미 늦었다'고 말할 수 있는 건 없다고 말해주고 싶어. 왜, 그런 것 있잖아. 미로 찾기를 할 때 가다가 막히면 왔던 길로 다시 돌아간 후 갈림길에서 처음과 다른 길을 선택하잖아. 돌아가면 늦는 것 같아 보이지만, 그건 어찌 보면 '다시 시작할 수 있다'는 의미이기도 해.

난 이렇게 '다시 시작하는' 과정을 통해 삶의 많은 변화들을 경험할 수 있었어. 남의 옷을 입은 것 같은 기분을 던져버리고, 행복한 나날들을 보냈거든. 대학원에 진학한 후에 가장 먼저 연구실에 출근하고 가장 늦게 퇴근했지만, 힘들다고 생각해 본 적은 없었어. 오히려 삶이 재미있다고 느꼈을 정도니까.

늦었다는 생각이 들 때는 지금의 마음을 가지고 과거로 돌아가는 상상을 해 봐. 늦은 게 아니라, 그때의 출발점에서 다시 시작한다고 생각하는 거야. 뭐든지 할 수 있는 용기가 생길 거야.

별을 찾아가는 에움길

지난 연말 페스티벌에서 한 제자의 피아노 독주 시간이 있었어. 나는 한 번도 그 녀석이 피아노 치는 것을 본 적이 없었는데, 제법 멋있게 연주를 잘 하더라고.

사실 그 아이는 피아노뿐만 아니라, 공부도 글쓰기도 잘했어. 재능이 참 많았지. 근데 자기는 이것도 저것도 모두 싫다는 이야기를 했어. 재능 있는 영역은 관심이 없고, 정작 생각지 못한 일들을 해 보겠다고 말하는 거야.

그러다가 내가 하는 조언을 듣고 나선 자기도 왜 그러는지 잘 모르겠다며 푸념을 늘어놓았지. 죄다 열의가 생기지 않는다고 그러니, 나도 이래저래 이야기를 해 보다 결국 포기하고 말았어. 불현듯 나희덕 시인의 「푸른밤」이 떠올랐기 때문이야.

너에게로 가지 않으려고 미친 듯 걸었던

그 무수한 길도

실은 네게로 향한 것이었다

까마득한 밤길을 혼자 걸어갈 때에도

내 응시에 날아간 별은

너에게로 가지 않으려고 미친 듯 걸었던

그 무수한 길도

실은 네게로 향한 것이었다

내 한숨과 입김에 꽃들은

네게로 몸을 기울여 흔들렸을 것이다

사랑에서 치욕으로

다시 치욕에서 사랑으로

하루에도 몇 번씩 네게로 드리웠던 두레박

그러나 매양 퍼올린 것은

수만 갈래의 길이었을 따름이다.

은하수의 한 별이 또 하나의 별을 찾아가는

그 수만의 길을 나는 걷고 있는 것이다

나의 생애는

모든 지름길을 돌아서

네게로 난 단 하나의 에움길이었다.

-나희덕, 「푸른밤」

나도 한때는 죽어도 선생님이 되지 않겠다고 다짐한 적이 있어. 그리고 그때의 다짐이 무색할 정도로 지금은 선생님이라는 직업을 정말 사랑하지.

그 녀석도 마찬가지이지 않을까? 지금은 잘 모르겠고, 하기 싫고, 힘들다고 생각하는 일들도 나중에는 누구보다 사랑하는 일이 될 수 있잖아.

우리는 모두 언젠가는 가야 할 길을 찾아 돌아 돌아가는 존재

은하수의 한 별이

또 한 별을 찾아가기를

들이야. 어린 시절부터 가야 할 길이 정해져 있는 것을 분명히 알고 가는 사람은 드물어. 그래서 우리는 지금도 그곳을 향해 에둘러 가는 중인지도 몰라.

「푸른밤」에서 '은하수의 한 별이 또 하나의 별을 찾아가는' 길이라고 표현한 것처럼 우리가 가야 할 길을 찾아가는 것, 사랑하는 대상을 향해 걸어가는 것, 그것 역시 '별을 찾아가는 과정'이라고 말할 수 있겠지. 어쩌면 녀석의 이런 모습들이 또 하나의 별을 찾아가는 과정인지도 모르지. 그래서 그냥 놔두기로 한 거야.

그 나이가 원래 '무언가를 위해 두레박을 우물로 내리지만, 얻는 것 없이 허망하게 올려야만 하는 때'라고 그랬어. 내가 할 수 있는 건 그저 쉴 새 없이 두레박을 내려 보라고 너희에게 말해 주는 것뿐이야. 두레박을 올렸을 때 허탈과 실망, 실패만이 담겨 있더라도 괜찮다고, 다시 내려 보라고 하는 수밖에 없지.

네가 가야 하는 에움길을 방해할 이유가 없어. 별을 찾아 떠나는 너희들의 여정을 응원해. 지금은 도무지 알 수 없는 그 길이 먼 훗날엔 생애 다시없을 소중한 길이 되기를.

인생 독설에 대응하기

　주변의 온갖 충고와 훈수 듣는 걸 생각하면, 아마도 귀는 가장 혹사당하는 신체 기관일 거야. 누군가 너희의 인생에 대해 훈수를 둘 때 겉으로는 미소를 짓지만 속으로는 이렇게 말하지.

　'죄송하지만 나는 당신과 같은 삶을 살기 싫은데요. 또 한 번 죄송하지만 당신은 자신의 충고와 조언이 매력적이고 그럴듯하다고 착각하시는 것 같네요.'

　조언으로 포장된 충고를 잘 뜯어보면, 때로 자기 잘난 척이나 자기 후회일 때가 많아. 그들은 자신이 내 인생에 뭔가 도움을 준 것처럼 보람된 표정을 지으며 흐뭇해하지만.

난 학창 시절에 친구들과 관계가 어렵고 힘들었어. 그때는 이런 말을 듣기도 했어.

"넌 왜 오래가는 친구가 없어? 나는 학년이 바뀌어도 오래가는 친구가 많은데."

'나 친구 많다'며 잘난 척하듯 말하는 조언을 듣고 나서부터 나는 착한 사람 코스프레를 하면서 억지로 나를 '오래가는 친구', '베스트프렌드'로 만들기 위해 애썼어. 뭐, 덕분에 지금은 인생 친구가 생기기도 했고 친구들 사이에서 먼저 배려하는 좋은 습관이 생기기도 했어. 하지만 그때 나에게 조언했던 방법은 그다지 지혜롭지 못했던 것 같아.

또 한번은 사회생활을 하며 이런 말을 듣기도 했어.

"네가 남보다 열심히 활동하는 것을 보면 자신의 보잘것없음을 감추려고 안간힘을 쓰는 것 같아."

사수에게 들었던 말이야. 사실 나는 대학생 때 방황을 많이 했는데, 꿈을 위해 열정을 다하지 못한 것 같아 내 딴에는 조금 특별한 활동을 했었어.

아프가니스탄에서의 봉사활동

멕시코 건축 봉사활동

영국 노인 봉사활동

우즈베키스탄에서 일주일 살아 보기

미국 전역 한 달 기차여행

그냥 열심히 살았을 뿐인데, 그게 누군가에겐 내 결핍을 감추기 위한 시도쯤으로 보일 수도 있다는 것을 그때 처음 깨달았어. '아, 이제부터 이런 비아냥은 개소리로 여기고 자체 귀마개를 채워야겠다.' 나는 이렇게 결심했지.

독설이 인생에 도움이 될 때도 있겠지. 하지만 그건 시간이 지나 좋은 사람들을 만나고, 주변에서 격려와 사랑을 받고, 내가 노력을 한 것들이 한데 모인 결과라고 생각해.

살면서 너희의 삶을 진심으로 응원해 주는 사람들은 얼마든지 만날 수 있어. 그러니 더는 마음의 상처를 꾹꾹 누르며 참지 마.

나에게 의미 있는 일

『죄와 벌』을 쓴 유명한 러시아 소설가 도스토옙스키는 인간에게 가장 끔찍한 벌은 "평생 아무 쓸모도 의미도 없는 일을 하게 하는 것"이라고 했어. 우리가 일이나 직업을 통해서 얻는 행복 또는 자아 성취의 길이라고 생각되는 출발점은 물질적, 경제적으로 풍요로워지며 마음의 여유가 생기기 시작하면서부터일 거야.

진로 강의를 하러 가서 돈보다 삶의 의미를 찾는 것이 '참된 가치'라는 이야기를 많이 해. 그런데 어떤 가치가 참된 가치일까? 앞서 이야기했듯 정답은 없으니 너희들도 같이 고민해 보면 좋겠어.

평생직장이라는 개념이 사라진지 오래야. 그 후 등장한 평생직업이라는 개념도 마찬가지로 사라졌어.

우리가 일터에서 보내는 시간이 만일 평균 아홉 시간이라고 생각해보면, 그건 무려 하루의 3분의 1을 차지해. 야근 등으로 퇴근 시간이 더 늦어진다면 그보다 비율을 더 차지하겠지. 그래서 의미가 있는 일이 되려면, 우선 일터에 가는 것이 행복해야 한다는 조건이 붙어야 한다고 생각해.

어쩌면 100세 시대에 한 가지 일만 하기엔 인생이 너무 길어. 어느 날, 스무 살 초반에 공무원 시험에 합격한 신입 직원에게 누군가 이렇게 말하는 거야.

"와. 한평생 공무원으로 일해야 한다니 지겹겠어요."

단지 공무원이란 직업에 한정되는 이야기는 아니야. 교수 채용 소식을 보면서도 비슷한 이야기가 나왔던 적이 있어. 대학원 과정까지 마친 후 여성의 경우엔 빠르면 20대 후반에 임용이 되는데, 적어도 40년 동안 한곳에서 일해야 한다는 것을 생각해 보면 나라도 마음이 복잡해질 것 같아.

경제학자 슈마허는 『굿 워크』란 책에서 이런 이야기를 해. "나는 끝없는 경쟁에 내 삶을 바치고 싶지 않다. 나는 누군가의 일부분으로 살고 싶지 않다. 나는 내 일을 하고 싶다."

진로는 언제 정해야 할까? 진로는 한 가지여야 할까? 전공을 살려서 진로를 정해야 할까? 의미 있는 일이 뭔지 찾다 보면 이런 여러 가지 질문들을 할 수 있어.

우선 진로를 결정하는 시기에 대해서는 초조해하지 말라는 이야기를 하고 싶어. 우리가 정한 진로의 대부분의 주변의 영향을 받을 수밖에 없고, 의미 있는 일을 정하기 위해서 빠르게 결정하기엔 직업 세계에 대한 지식도 부족하고 자신이 무엇을 진정으로 원하는지도 잘 모를 수밖에 없어.

또 진로는 다양하게 가져도 좋다고 생각해. 20세기에 이루어진 산업혁명은 업무를 세분화해 처리하고 효율성과 생산성을 극대화하는 것이 목적이기에 한 가지 일만 제대로 하는 사람이 필요했어. 그러나 지금은 과거와는 다르게 본업을 하면서도 여러 일을 하는 경우가 많아졌어. 근래 'N잡'이라는 표현을 사용하는 사람들이 점점 늘고 있다는 걸 보면 잘 알 수 있지.

그래도 진로를 결정하기 어렵다면, 내가 잘할 수 있으면서 흥미도 있는 일, 내가 잘할 수 있으나 흥미가 없는 일, 내가 잘할 순 없지만 흥미가 있는 일, 내가 잘하지 못하고 흥미도 없는 일, 이렇게 네 가지로 나눠 생각해 볼 것을 추천해.

그리고 이제 NCS(국가직무능력표준) 기반의 시대가 도래하면서 너희가 어떤 학과를 졸업했다는 것이 크게 중요하거나 장점이 되지는 않을 거야. 오히려 어떤 역량을 갖춰야 할지를 더 고민해 보는 게 좋겠지. 그러니 좀 더 깊고 넓게 공부하면 좋을 것 같아.

영화 〈죽은 시인의 사회〉를 보면, 입시 위주의 주입식 교육으로 자유를 억압당하고 꿈을 잃은 학생들에게 자기만의 세계를 창조하라는 교사의 이야기가 나와. 기억에 남는 대사가 많은데, 그중에서도 "헛소리다. 그 부분은 찢어 버려라. 아예 서문을 찢어 버려라!"라는 구절이 생각나네.

나도 너희에게 영화 속의 키팅 선생님처럼 이야기해 주고 싶어. "누군가가 만들어 둔 무대에서 살아가는 것이 아니라, 너희만의 의미를 찾았으면 좋겠어. 각자의 길을 걸으며, 걸음걸이도 방향도 너희가 택해. 당당해도 좋고 우스워도 좋아. 주저하지 말고 마음껏 걸어 봐."

○ ○ ○

너는 충분히 가능성이 있는 사람이야. 이 책을 여
기까지 읽었다는 것만으로도. 너는 다른 누구도 아
닌, 그냥 네가 되면 돼. 울고 싶을 때 너의 곁을 지
켜줄 보이지 않는 무수한 사람들이 세상에 존재한
다는 걸 잊지 않기를.

4장

지금 모습 그대로
소중한 사람

내가 생각하는 나와
남이 바라보는 나

어느 날, 〈세바시〉라는 강연 프로그램에서 내가 그리는 내 얼굴과 내 짝이 그리는 내 얼굴을 그려 보는 활동을 해 봤어.

〈내가 그린 그림〉

〈내 짝이 그린 그림〉

'내가 그린 나'는 마치 순정 만화에 나올 듯 과장되게 예쁜 모습이었고, '내 짝이 그린 나'는 나의 단점을 아주 잘 찾아낸 듯한 묘사였어. 서로 너무 극단적인 모습이라 둘 중 뭐가 나인지 모르겠더라고.

이 활동을 하고 나니 그런 생각이 들더라. 내가 생각하는 나와 남이 생각하는 나 사이의 괴리로 삶이 더 힘들어지는 건 아닐까 하고 말이야. 어느 장단에 맞춰야 할지 모르니 인생은 그냥 잘 모르겠고 어렵기만 한 것 같아. 물론 그건 어른들도 마찬가지긴 하지만. 왜곡된 내 모습에 진짜 내 모습이 기억나지 않을 땐, 있는 그대로의 자신을 바라볼 수 있어야 해.

요즘은 꽃미남, 꽃미녀보다 자기 색깔이 강한 매력적인 사람이 인기가 많아. 너희가 더 잘 알다시피, 걸그룹 마마무의 '화사'가 대중들의 사랑을 받고 있잖아. 화사는 데뷔 초 아이돌 같지 않은 외모라며 팬들의 탈퇴 압박까지 받았다고 해. 하지만 지금은 모두가 인정하는 치명적인 매력의 아티스트이자 누군가의 뮤즈로 활동을 잘 이어나가고 있지.

다른 사람의 모습을 따라가지 않고도 스스로의 매력을 잘 찾아낼 수 있다면 그것 역시 좋은 장점이라고 할 수 있어. 세상이 동경하는 삶이나 타인이 원하는 내 모습이 아니라, 이제는 나만의 그림을 그려가는 게 중요해.

다행히도 요즘은 개성 있는 사람을 존중하는 시대가 되었어. 다채로운 색깔을 요구하는 사회인 거지. 자기만의 스타일로 자기 모습을 그리고 완성해가는 사람이 응원을 받아. 그건 아마도 사회에서 요구하는 색깔로 사는 사람들의 대리만족인지도 모르겠어. 그런 그림을 그리고 싶었지만 포기할 수밖에 없었던 자신을 후회하는 거지.

개인적으로 장 미셸 바스키아의 그림을 좋아해. 낙서처럼 자유

있는 그대로의 나를 사랑해

분방하면서도, 당시 회화의 개념을 뛰어넘은 창조적 그림을 그렸지. 젊은 나이에 죽었지만 그의 작품이 높이 평가되는 이유는 그역시 자기만의 색깔이 분명했다는 점이야.

반듯하게 그리는 것보다 네 인생에 그리고 싶은 선, 칠하고 싶은 색을 먼저 떠올려 봐. 네가 완성해가는 너만의 그림을 보고 싶어.

내가 누구인지 말할 수 있을 때

진로에 대한 강의나 상담을 하다 보면 내가 빼놓지 않고 강조하는 말이 있어. 바로 '자기 자신을 이해하라'는 거야.

취업을 준비할 당시 난 첫 면접에서 "당신은 어떤 사람입니까?"란 질문을 받고 어떻게 대답해야 할지 고민했던 기억이 있어. 너무 당황해서 면접을 어떻게 봤는지도 잘 모르겠어. 멍하니 길가의 벤치에 앉아 이런저런 생각에 잠겼어.

'나는 어떤 사람이지? 주변 사람들이 자주 칭찬하듯 성실한 사람인가?'

그 뒤 대학원에 진학했을 때도 한 번 더 이 문제에 부딪힌 적이 있어. 교수님은 인본주의 심리학자 칼 로저스의 책에서 아이디어를 얻어 내가 누구인지에 대해 성찰하는 과제를 내주셨어. 다른 사람들과 이야기하는 시간을 통해서 '나라는 한 사람의 인간'에 대해 알아 가자는 취지였지.

너희들도 한 번쯤 진로 수업 때 인생 곡선 그래프 그리기를 해 봤을 거야. 긍정적 기억으로 남아 있는 +점수와 부정적 기억으로 남아 있는 −점수의 점들을 수평선을 기준으로 연결해, 자신의 과거와 현재 그리고 미래의 모습을 선으로 표시하는 거지. 인생 곡선 그래프는 내 삶의 흔적들을 한눈에 알아보기는 쉽지만 구체적으로 정리하기는 힘들 수 있어. 그래서 글로 써서 정리하면 내가 왜 여기까지 오게 되었는지, 내가 중요하게 생각하는 것은 무엇인지, 내가 앞으로 무엇을 해야 하는지 등 여러 삶의 문제들에 대한 윤곽이 잡혀. 한 번 직접 작성해 봐.

나는 대학원 과제를 하면서 지난 시절부터 과제를 하는 그 시점에 이르기까지의 모든 삶을 회고하며, 내 생각과 삶, 진로 설정에 대해 정리해 볼 수 있었어. 이때 난 '아! 나는 이런 가치관을 가진 사람이구나.'라는 걸 가장 크게 깨달았지.

심리학에서는 어려운 일을 극복하고 다시 일어서는 역량을 회복탄력성resilience이라고 표현해. 물체마다 탄성이 다르듯 사람도 탄성이 모두 다르다는 거지. 자신이 보기에 비록 밑바닥까지 떨어진 삶일지라도 회복탄력성이 뛰어난 사람은 오히려 원래 있던 위치보다 훨씬 더 높은 곳까지 탄성을 이용해 뛰어오를 수 있다는 뜻이야.

내가 어떤 사람인지에 대한 이해가 확실하다면 누구보다 빨리 이 회복탄력성의 힘으로 일어설 수 있어. 내가 누군지 아는 힘을 가지는 게 곧 나 자신을 잃지 않을 수 있는 최고의 방법이거든.

스페인의 초현실주의 화가인 살바도르 달리(1904~1989) 이야기를 들려주고 싶어. 그는 우리가 흔히 보는 강아지를 산책시키는 것이 아니라, 개미핥기를 산책시키며 프랑스 파리의 많은 사람을 놀라게 했어. 지금 이 이야기를 들으니 놀랍지 않아? 개미핥기라니, 도대체 무슨 생각이었는지 참 궁금할 정도로 엉뚱한 사람이란 생각도 들어.

그리고 그는 고급 레스토랑에 지인을 초대해. 많은 사람이 왔으니 비용도 만만치 않았을 텐데, 식사를 마친 후 그림을 그려 주며 식사 비용이라고 이야기하지. 살바도르 달리는 "나의 꿈은 내가 되는 것이다."라고 이야기하기도 했어. 그만큼 그는 자신에 대한 이해도가 높았고, 누구보다 스스로의 가치를 잘 아는 사람이었지. 어때, 멋지지 않니?

하버드 대학의 벤필드 교수는 '성공과 행복의 가장 중요한 열쇠는 무엇일까?'란 주제를 연구했는데 '장기적인 전망'이 가장 중요한 요소라는 거야. 즉, 미래의 관점을 생각하며, 나를 알아 가는 현재가 중요하단 의미야.

자신이 어떤 사람인지 알기 위해서는 먼저 관찰이 필요해. 내가 어떤 생각이나 결정을 할 때 왜 그렇게 하였는지에 대한 구체적인 이유를 끊임없이 생각하는 거지. 그리고 언젠가 "넌 어떤 사람이야?"라고 물었을 때, 너 자신을 당당히 소개할 수 있었으면 좋겠어. 달리처럼 자신이 누구인지 이야기할 수 있을 때, 나라는 한 사람에 대해 진정으로 사랑할 수 있으니까.

열등감은 자존감의 뒷모습이다

"인간은 누구나 완전하지 않은 존재로 태어났으며 열등한 상태에서 벗어나려는 욕구를 가지고 있다."

심리학자 아들러의 말이야. 그래서 모든 사람은 하나도 예외 없이 열등감을 가지고 있다고 할 수 있지. 이 열등감은 때론 세상을, 환경을 탓하며 우리가 우울하게 살아가게 만드는데, 모든 열등감의 근본 원인은 바로 '비교'에서 시작한다고 생각해.

우리는 산후조리원에서부터 비교를 경험하는 삶을 살지. 어느 엄마가 젖이 많이 나오나, 어느 아기가 잘 먹고 잘 크나, 언제부터

걸을 수 있는가, 언제부터 말을 시작했나, 키는 얼마나 큰가, 끊임없는 비교의 문장들이 우리를 뒤쫓아 다녀.

'엄친아', '엄친딸'이라는 단어는 우리의 비교 문화를 아주 잘 보여주는 단어야. 서로 얼마나 비교를 했으면 '엄마친구아들을 이기자'라는 표어가 등장했을까? 물론 일각에서는 이런 비교가 성장의 원동력이 될 수 있다고 보기는 해. 하지만 동시에 이런 비교의식이 열등감에 열등감을 낳지.

혹시 운명론적인 삶을 믿니? 자꾸만 남들과 비교하다 보면 내 삶은 날 때부터 이렇게 정해진 것이 아닐까 생각할 수도 있어. 하지만 우리가 신의 영역을 어떻게 모두 이해할 수 있겠어? 인생의 근원적인 문제들에 대해서는 고대의 철학자들조차 찾지 못했는데, 그렇게 생각하는 건 자기 한계를 긋는 것이나 마찬가지야.

〈괜찮아요, 미스터 브래드〉라는 내 인생 영화를 하나 소개해줄게. 주인공 브레드는 끝없이 비교되는 현실에 상대적 박탈감을 느끼며 살아. 자기 인생에 회의감과 열등감을 가지고, 피곤할 정도로 괴팍하고 예민한 모습을 보여주지. 지나친 자격지심이 주인공의 열등감을 극대화시키더라고. 영화를 보는 동안 나는 '남에게 비교 당하지 않는 삶에 집착한다면, 나 역시 저런 중년을 맞이할 수도 있겠구나.' 하는 생각이 들었어.

아빠: 사람들이 날 보면서 실패자라고 생각할까 봐 걱정 돼.

아들: 사람들은 기억을 못 해. 왜냐면 다들 자기 자신만 생각하고 사니까. 아빠 생각하는 사람은 나밖에 없으니까 아빠는 내 의견에만 신경 쓰면 돼.

아빠: 네 의견은 뭔데?

아들: 사랑해!

영화의 마지막 부분에 나오는 대사야. 나도 모르게 눈물이 주르륵 흐르는 장면이었지. 우리의 지독한 고질병인 열등감을 고치는 방법은 바로 여기에 있어. 남들이 나를 의식하고 산다는 착각을 버리고, 나를 사랑해주는 사람과 자신의 목소리에 귀 기울이는 거야.

네 안의 열등감을 내려놓으면 자존감이 생겨. 그러니까 비교하지 말고 너의 인생을 살아. 오늘의 네 삶을 스스로 칭찬하고, 자신의 가치를 발견하고, 다른 사람이 아닌 너에게 집중할 수 있기를.

나는 맥시멀리스트일까,
미니멀리스트일까

요즘 맥시멀리스트와 미니멀리스트라는 용어가 여기저기 많이 등장해. 간단하게 말하면, '많이 가지려 하는' 것은 맥시멀리스트이고, '최소주의로 살고자 하는' 것은 미니멀리스트야.

얼마 전, 상담을 진행한 고등학생이 있었는데, 그 친구는 이런 이야기를 했어.

"공부는 하고 싶지 않고, 잘하는 게 뭔지도 잘 모르겠고, 힘든 일은 또 하고 싶지 않고, 그런데 돈은 많이 벌었으면 좋겠고, 친구와 함께 있어야 하니 대학은 서울에서 다니고 싶어요."

'오, 세상에, 신이시여!' 정말 그렇게 난감할 수가 없었어. 자신이 누구인지 전혀 알려주지 않은 채 모르겠다는 말만 반복하며 그저 원하는 것만 많았어. 그야말로 진정한 맥시멀리스트였지!

하지만 긴 대화 끝에 나는 그 아이에 대해 조금은 알 수 있었고, 그 단서를 가지고 우린 함께 진로 로드맵을 그려 나갔어.

왜 우리는 많은 것을 가지고 싶어 하고, 주위 사람들과 비교하며 남들이 가진 것은 다 가지려고 할까? 왜 대학은 서울로 가는 것이 좋고, 왜 나는 외모도 준수해야 하고, 날씬해야 하고, 모든 친구들과 선생님에게 인정받으려고 할까?

많으면 분명히 좋으리라 생각하지만, 그 많아진 것들을 해내느라 본연의 것을 잃어버리는 일이 일어나. 지금 우리는 생각도 많고, 옷도 많고, 먹을 것도 너무 많고, 뭔가 해야 할 것들이 너무 많아. 그래서 막막하고 불안감을 느껴.

최근에 이러한 맥시멀리스트에 반기를 든 미니멀리스트가 등장하기 시작했어. 일본의 사사키 후미오는 출판사 편집자로 미니멀한 삶을 살고 있어.

사실 그도 엄청나게 많은 물건과 책들을 집에 쌓아놓고 살았다고 해. 그러면서 자기보다 많이 가진 사람과 자신을 비교하게 되고 자신의 미래에 대한 불안감도 있었대. 그러다 2011년, 사람과 모든 물건이 다 휩쓸려 내려간 동인도 대지진이 일어났어. 그 이후부터는 정말 필요한 물건만 소유하며 간소하지만 자유로운 삶을 살기로 했고, 지금껏 잘살고 있으며 일본 미니멀리스트의 대표 인물이 되었어.

나도 사실 지독하게 맥시멀리스트였어. 원하는 것이나 하고 싶은 모든 것을 하려고 시간과 돈을 투자했어. 하지만 그럴수록 점점 더 해야 할 일은 많아지고 공간은 부족해졌어. 정작 내가 함께하고 챙겨야 할 가족은 등한시하고, 나를 통해 발생하는 성과로 이익을 볼 사람들만 챙기는 희한한 일도 일어나기 시작했어. 주객이 전도되었지.

"선생님, 이것도 해야 하고 저것도 해야 해서 가까스로 하고 있는데, 나아지는 게 없어요. 어떻게 해야 할지 모르겠고, 의욕이 없어져요."

가끔 너무 많은 것을 원하고 하려다 보니 무엇 하나 제대로 해내지 못하는 안타까운 친구들이 있어.

얘들아. 오늘 하루 가장 중요한 하나의 일만, 먼저 시작하고 성공해 보면 어떨까? 그럼 행복이 시작될 것이고, 조금씩 더 해나갈

모든 걸 다 잘할 필요는 없어

지금 나에게 있는 것들을

소중히 여길래

힘이 생길 거야.

에리카 라인이 지은 『나는 인생에서 중요한 것만 남기기로 했다』라는 책에서 그녀는 미니멀라이프를 이렇게 정의했어. '가진 것을 소중히 여기는 삶!' 이 말처럼 내가 가진 것에서부터 우리의 인생을 시작해 보면 어떨까? 내가 가지고 있지 않은 것을 동경하면 좌절감과 실패감을 먼저 느낄 수 있지만, 내가 가진 것부터 시작하면 조금 더 여유롭게 시작할 수 있을 거야.

우리는 어떤 것을 가졌을까? '나는 그림을 잘 그려요. 나는 노래를 잘해요. 나는 글을 잘 써요. 나는 수학을 잘 풀어요.'도 좋고, '나는 아침에 잘 일어나요. 나는 방 정리를 잘해요. 나는 시간을 잘 지켜요. 나는 맛을 잘 분별해요.'처럼 아주 작고 평범한 일상의 장점도 좋아. 내가 가지고 있는 게 뭔지를 먼저 찾고, 지금 내가 가진 소중한 것들에 집중할 수 있기를 바랄게.

너도 나와 같다면

학창 시절 나는 종종 밤이 깊어질 쯤 온갖 잡다한 생각에 잠겨 살았어. 모두가 잠든 밤이나 새벽 시간이면 책상 앞에 앉아서 혹은 침대 위에 누워서 고요한 정적 속에서 똑딱거리는 시계 소리와 함께 오만가지 생각에 빠져 지냈지. 시험을 봤거나 상담을 한 이후면 감정은 폭발하고 더 북받쳐서 좋지 못한 상황이나 환경 그리고 불안한 내 모습에 눈물을 흘리기도 했어.

'나는 왜 이 모양이지?'

'나는 지금 뭘 하고 있는 거지?'

좀처럼 답을 찾기 힘든 질문을 퍼부으며 자책하고 나를 채찍질

했어. 모든 일이 잘되지 않을 것만 같았고 아무리 노력해도 내 삶은 바뀌지 않을 것 같았어.

그런데 조금 시간이 지나고 보니 그때의 막막했던 감정과 걱정보다 나는 잘 이겨냈고 지금 내 삶은 행복해. 세상에는 구석구석 재미난 일들이 참 많아. 새로운 취미를 찾기 위해 노력도 하고 배워 보지 못했던 많은 것을 배우는 재미도 느끼고 있어.

인터넷상에서 수백만 뷰와 함께 화제가 된 동영상이 하나 있어. 한 고등학생이 공부가 너무 힘들다며 일반 시민에게 울면서 한 번만 안아 달라고 요구하는 내용의 실험 영상이었어. 처음 보는 사람이 힘들다고 울면서 안아 달라고 하니, 사람들의 반응은 어땠을까?

함께 울어준 사람도 있고, 힘들 때 얼마든지 연락하라며 그 학생에게 연락처를 건네기도 했어. 영상에 등장하는 시민들은 학생에게 어깨를 빌려주고 힘내라며 조용히 토닥였어.

온갖 걱정과 스트레스로 힘이 들고, 이 세상이 너한테 왜 그런가 싶기도 하고, 세상에 때로 너 혼자인 것만 같은 외로움이 가슴에 사무치기도 해. 하지만 네가 힘들어하는 그 모든 것들, 이 세상 모두가 그 고통을 공감하고 너를 응원하고 있어.

지금의 나도 10대의 어린 시절의 나를 안아주고 토닥이며 달래
줄 수 있을 것 같아.

다 괜찮다고.
너에겐 당연한 일이라고.
힘들어도 잘 해낼 수 있을 거라고.

너는 충분히 가능성이 있는 사람이야. 이 책을 여기까지 읽었
다는 것만으로도. 너는 다른 누구도 아닌, 그냥 네가 되면 돼. 울
고 싶을 때 너의 곁을 지켜줄 보이지 않는 무수한 사람들이 세상
에 존재한다는 걸 잊지 않기를.

일상에서 특별함 찾기

얼마 전 유튜브를 개설했어. 콘셉트는 '문학 방송'이야. '좋아요'를 눌러주는 기특한 녀석도 있는데, 몇몇 친구들에게는 잔소리 폭격을 맞기도 하지. "너무 재미가 없어요, '진지충'이세요, 썸네일 좀 잘 넣으세요, 자막이 있어야죠." 잔소리들이 이만저만이 아니야. 구독자 수가 고작 스무 명밖에 되지 않는다고 놀리기도 했어.

내 방송을 시청하는 이들은 대부분 우리 학교 학생들이지만, 그 아이들과 소통하며 꾸준히 내가 공부한 문학을 가볍게 이야기로 풀어내는 재미가 쏠쏠해. 요즘 사람들은 너무 무거운 이야기도 원하지 않지만 그렇다고 너무 가벼운 이야기도 선호하지 않아. 갈수록 방송 콘텐츠 만들기가 쉽지 않아. 그래서 몇 권 소장하지 않던 시집이 요즘 계속 늘어나고 있어.

유튜브 제작 과정에서 새삼 알게 된 것이 있어. 내가 아는 시가 대학교나 고등학교 때 배우고 가르친 시에 한정되어 있다는 것과, 세상에는 좋은 시가 너무나 많다는 사실이야.

그리고 나 같은 방송 문외한도 웹캠 하나만 있으면 방송 제작자가 될 수 있다는 거야. 인기가 많거나 공부를 많이 해서 유명 방송국에 들어가야만 할 수 있는 일이라고 생각했는데, 이제는 누구나 콘텐츠 제작자가 될 수 있는 시대가 되었어.

우리의 평범한 일상이 방송 콘텐츠가 되는 세상에 살고 있다는 것이 얼마나 다행일까? 여기에서 우리는 삶의 힌트를 발견할 수 있어. '평범'하다는 건, 그 자체로 인생이라 할 수 있어. 다음은 윤동주의 평범하고도 평범하지 않은 시야.

붉은 이마에 싸늘한 달이 서리어
아우의 얼굴은 슬픈 그림이다
발걸음을 멈추어
살그머니 앳된 손을 잡으며
"너는 자라 무엇이 되려니"
"사람이 되지"
아우의 설은 진정코 설은 대답이다

－윤동주 「아우의 인상화」

영화 〈동주〉에서는 윤동주 시인이 어린 동생과 대화하며 얻은 영감으로 이 시를 지은 것으로 그려내지. 언뜻 평범해 보이는 대화 속에는 분명 평범함 그 이상의 것이 있어.

이 시에서 '사람'이 된다는 말은 여러 가지로 해석될 수 있을 거야. 아우는 그냥 사람이 자라서 사람 되지 무엇이 되겠냐는 말

모든 일상이
내 삶이었기를

을 했을 수 있어. 그런데 '사람다운 사람'이 되어야 한다는 의미로도 해석할 수 있지 않을까?

우리는 어쩌면 이 사람다운 사람이 되지 못해서 힘든 세상을 사는지도 몰라. 평범한 그 모습 그대로를 살아도 사람답게 살 수 있는 세상, 그게 사람이 된다는 말의 진짜 뜻이 될 수도 있겠지.

오늘 너만의 장소에서 너의 이야기를 해 보는 건 어때? 어떤 삶을 살더라도 일상에서 너만의 의미를 찾을 수 있을 때, 평범하고도 사람다운 생을 살 수 있을 거라고 믿어. 그러니 그저 평범한 일상에서 너를 발견하는 거야.

스스로 건네는 위로에는 강한 힘이 있어

'얼마나 힘드니?'

'오늘 씩씩하게 잘 지냈구나.'

이런 위로의 말을 들으면 힘이 나지. 솔직히 부모님께서 뜬금없이 이런 말을 할 때는 '왜 이러시지? 또 성적 이야기를 하려는 건가?'라는 의심이 들기도 하지만 기분이 좋아지는 것은 어쩔 수 없어. 네가 가장 듣고 싶은 말이기도 하니까. 위로와 응원을 받고 싶은 건 누구나 다 같은 마음일 거야.

하지만 네가 원하는 말을 해 주는 사람이 없을지도 몰라. 너와 가깝다고 생각했던 사람들도, 어쩌면 부모님조차도 너에게 그런 위로를 해 주지 않을 때가 있어. 네가 너무도 잘 알고 있는 문제의 상황을 일부러 끄집어내 한계 상황에 부딪히게 만들거나, '사랑하니까, 네가 잘 되기를 바라는 마음에서, 걱정하는 것뿐'이라는 이유를 대기도 하지. 그럴수록 너는 마음의 문을 닫아버리고 대화의 창구를 아예 잠가 버리기도 하더라.

그 마음 충분히 이해해. 나도 겪은 일이니까 네 마음을 잘 알지. 그런데 선생이라는 입장이 되고 보니 무심코 지켜볼 수만은 없어서 잔소리를 하게 되더라고. 나보다 잘 해낼 줄 알면서도 전전긍긍하는 거지.

그럴 때마다 자신에게 "괜찮아. 아주 잘 하고 있어."라고 말하기를 부탁할게. 고백하자면, 내가 했던 방법이기도 해. 친구 문제로 힘들 때, 노력해도 원하는 결과가 나오지 않을 때, 기대한 만큼 성과가 나오지 않았을 때, 그럴 때마다 나는 그저 나를 쓰다듬어 주곤 했어.

야심차게 준비한 도전에서 떨어지고 좌절했을 때였어. 혼자 있는 시간에 울기 싫어서 툭 내뱉듯이 "울지 마. 넌 최선을 다했잖아. 그거면 됐어."라고 던졌지. 그런데 주위에서 해주는 그 어떤 위로보다 훨씬 더 빨리 다친 상처가 아문 거야. 그 말에 마법 같은 힘이 있더라고. 그 뒤로는 힘든 일이 있을 때마다 나를 다독이고 북돋우는 의미로 자주 해줬지. 내가 나에게 해준 몇 마디 말일 뿐인데도 마음이 따뜻해지면서 용기와 자신감이 생기더라.

잘한 일이 있을 때는 아낌없이 칭찬해주고 격려하는 것도 좋아. 이상하게 우리는 자신을 인정하는 일에 몹시 인색해. 남들이 잘하면 아낌없이 칭찬하고 부러워하면서 자신이 해낸 일에는 과소평가하고 아쉬운 부분만 찾지. 그래서 더 나아지는 게 있을까? 물론 자극은 될지 모르겠지만 언젠가는 힘에 부쳐 지칠 거야. 노력에 비해 보상은 적고 결과는 흡족하게 나타나지 않을 때가 많으니까.

네가 정한 꿈과 목표를 이루려면 채찍보다 당근이 필요해. 기분 좋은 말 한마디로 오늘을 시작해.

'넌 지금 충분히 잘하고 있어!'

너는 어디든 갈 수 있어

연극관람을 좋아하는 제자들과 서울 대학로를 찾은 적이 있어. 직장을 얻고, 결혼을 하고, 아이를 낳아 키우면서 거의 가지 못했던 그곳에 간만에 간다고 생각하니 얼마나 설레던지 밤잠까지 설쳤어.

대학로에 들어서자 괜스레 어깨에 힘이 들어갔어. 나도 한때는 이 거리를 숱하게 거닐던, 너희들이 선망하는 대학생이었다며 으스댔지. 혜화역 4번 출구에서 왼편으로 돌아 골목으로 들어가면 있던 그 시절 최고의 식당으로 녀석들을 안내했어. 그동안 동네가 많이 변해 어디가 어딘지 헷갈리더라.

우리는 한배를 타고 서로의 미래와 과거에 기대고 있었어. 그들은 끊임없이 미래를 이야기했고, 나는 과거를 떠들어 댔지. 설렘 가득한 극장들, 몇 번이고 들여다보던 팸플릿, 그들과 함께 마치 아직 오지 않은 사랑을 찾아 떠나는 기분으로 연극을 봤던 것 같아.

좌충우돌 10대 말미의 그들과 함께 떠난 여행은 그렇게 마무리가 되고 있었어. 제자들은 '그냥 모든 것이 좋았다'며 '이런 곳에 데려와 주어서 고맙다'는 말을 했어. 어쩌면 녀석들이 나에게 기대했던 건 아직 가보지 못한 곳을 동행해주는 친구 같은 선생님이 아니었을까?

우리가 본 〈오펀스〉라는 연극은 낡고 허름한 집에 사는 고아인 두 형제와 갑자기 나타난 어른과의 동거 속에서 벌어지는 이야기를 담고 있어. 극 중 어른은 평생을 집 안에서만 살아온 동생에게 이런 말을 해.

우리는 우주라는 거대한 바다에서 헤엄치는 은하계 한쪽 끝에 안전하게 감춰져 있어.

우린 태양 주위를 돌고 있지.

우린 북반구의, 북아메리카 대륙 펜실베이니아 주, 필라델피아에
있어.

...넌 어디든 갈 수 있어!

-연극 〈오펀스〉

그러고는 빛이 환하게 들어오는 문을 활짝 열어젖혔어. 불안
해하는 청년에게 안심해도 된다는 듯 어른의 표정을 하고는 청년
이 당당히 문을 열고 나가길 기다렸어.

10대 후반이 된 너희는 이제 세상의 문을 열고 너희만의 길을
걸어가야 할 때가 왔어.

"잊지 마! 너희는 어디든 갈 수 있어!"

네가 한 편의 시가 될 수 있기를

무엇을 어떻게 해야 할지 막막한 너에게

무엇을 하려고 해도 선뜻 나아가기가 두려웠던 너에게

무엇 하나 해 볼 의지가 없어 마냥 쓰러져 있던 너에게

무엇을 해도 안 될 것 같아 생기가 없던 너에게

들려주고 싶었던 이야기들을 가득 담은 선물 꾸러미를 선사하고 싶었어. 이제 다음 에피소드는 네가 써 내려가면 어떨까? 네가 걸어가 보고, 네가 생각해 보며, 네가 느낀 것들을 너의 후배들에게 건네 줄 수 있는 너만의 에피소드를 발견해 봐.

끊임없이 답을 찾는 과정에서 자신을 찾고, 결국 그 길을 가야 하는 건 너 자신이라는 걸 알았으면 좋겠어. 장엄한 연극이 펼쳐지는 삶의 한가운데서 네가 아름다운 한 편의 시가 될 수 있기를 바라며, 시 한 편을 끝으로 글을 마무리할게.

오, 나여! 오, 삶이여!

끊임없이 반복되는 이 질문들

믿음 없는 자들의 끝없는 행렬에 대해

어리석은 자들로 가득 찬 도시들에 대해

나 자신을 영원히 자책하는 나에 대해

(나보다 더 어리석고, 나보다 더 믿음 없는 자 누구인가?)

헛되이 빛을 갈망하는 눈들에 대해

사물들이 의미하는 것에 대해

언제나 다시 시작되는 투쟁에 대해

형편없는 모든 결말에 대해

발을 끌며 걷는 내 주위의 추한 군중에 대해

공허하고 쓸모없는 남은 생에 대해

나를 얽어매는 그 남은 시간에 대해

오, 나여! 반복되는 너무 슬픈 질문

이것들 속에서 어떤 의미를 찾을 수 있는가?

오, 나여, 오, 삶이여!

답은 바로 이것

네가 여기에 있다는 것

삶이 존재하고 자신이 존재한다는 것

장엄한 연극은 계속되고

너도 한 편의 시가 될 수 있다는 것

-월트 휘트먼 「오, 나여! 오, 삶이여!」

부록

추천도서

추천도서

보노보노의 인생상담(아가리시 미키오)

모든 순간이 너였다(하태완)

나는 나로 살기로 했다(김수현)

세상을 바꾼 10대들, 그들은 무엇이 달랐을까?(정학경)

제인에어(샬럿 브런테)

빨강머리 앤(루시모드 몽고메리)

허클베리 핀(마크트웨인)

창문을 넘어 도망친 100세 노인(요나스요나손)

개밥바라기 별(황석영)

나는 오늘도 내가 만든 일터로 출근합니다(홍진아)

청소년이 꼭 알아야 할 4차 산업혁명 새로운 직업 이야기(이랑, 이화영)

50개 직업의 커리어패스 정보(교육부, 한국직업능력개발원)

인생좌표(이케다 다이사쿠)

10대를 위한 진로 인문학(정형권)

칙센트미하이의 몰입과 진로(칙센트미하이)

적성과 진로를 짚어주는 직업교과서 세트(주니어김영사)

유망 직업 백과(김상호)

당신의 소중한 꿈을 이루는 보물지도(모치즈키 도시타카)

14살 꿈이 인생을 결정한다(필립 채스터필드)

청소년, 코끼리에 맞서다(나탈리 르비살)

여행은 최고의 공부다(안사준)

나는 내가 원하는 삶을 살고싶다(김상경)

생각정리스킬(복주환)

책 읽는 젊은이에게 미래가 있다(조만제)

그러니 그대 사라지지 말아라(박노해)

처음 가본 길(도종환)

사랑하라 한 번도 상처 받지 않은 것처럼(류시화 엮음)

미래가 두려운 너에게(공일영, 조희)

완득이(김려령)

데미안(헤르만헤세)

달과 6펜스(서머싯 몸)

달러구트 꿈 백화점(이미예)

삽질정신(박신영)

우유곽 대학을 빌려 드립니다. (강우현 등)

마지막팬클럽(퍼스타즈)

인생의태도(웨인 다이어)

아직도 가야 할 길(스캇펙)

시작의 기술(개리 비숍)

신경끄기의 기술(마크 맨슨)

자신감 수업(수전 제퍼스)

운다고 달라지는 일은 아무것도 없겠지만(박준)

미움받을 용기(기시미 이치로)

나는 인생에서 중요한 것만 남기기로 했다(에리카 라인)

여덟단어(박웅현)

데미안(헤르만헤세)

괜찮지 않은데 괜찮은 척했다(글배우)

88만원세대(우석훈, 박권일)

시도해보지 않고는 누구도 자신이 얼마만큼 해낼
수 있는지 알지 못한다.

-푸블릴리우스 시루스

꿈을 추구할 용기만 있다면 우리들의 모든 꿈이 실현될 수 있다.

-월트 디즈니